HEYNE
BÜCHER

Stichwort

Wirtschaftsstandort Deutschland

Winfried Rauscheder

Originalausgabe

WILHELM HEYNE VERLAG
MÜNCHEN

HEYNE SACHBUCH
Nr. 19/4050

REDAKTION:
Gerhard Theato

FACHLEKTORAT:
Thomas Fischer

GRAFIKEN:
Ralph Jenette

KONZEPTION UND REALISATION:
Christine Proske, Bernhard Michalowski
(Ariadne Buchproduktion)

Printed in Germany 1994
Umschlaggestaltung: Kaselow-Design
Herstellung: H+G Lidl, München
Satz: Satz & Repro Grieb, München
Druck und Verarbeitung: Pressedruck, Augsburg

ISBN 3-453-07835-7

Inhalt

I. Vom Exportweltmeister zum Krisenherd?

1. Der Gipfel

Die Bundesrepublik Deutschland 1990 stand auf einem Höhepunkt ihrer wirtschaftlichen Macht und Leistungsfähigkeit. Sie hatte 1986 die USA als Warenexport-Nation Nummer eins abgelöst und die weltweite Führungsposition seither kontinuierlich verteidigt. Mit Ausfuhren im Gesamtwert von 660 Milliarden Mark hielt sie 1990 einen Anteil am weltweiten Export von 12,5 Prozent, gefolgt von den USA mit 11,6 und Japan mit 8,5 Prozent. Der Ausfuhrüberschuß lag seit fünf Jahren auf Rekordniveau.

Das *Bruttoinlandsprodukt (BIP)*, der aussagekräftigste Faktor für die Produktion von Waren und Dienstleistungen im Inland, war preisbereinigt auf das Zweieinhalbfache des Bruttoinlandsprodukts von 1985 angestiegen. Die Zahl der Arbeitslosen im (alten) Bundesgebiet war von 2,3 Millionen im Jahr 1985 auf 1,9 Millionen zurückge-

Bruttoinlandsprodukt

Die inländische Güterproduktion einer Volkswirtschaft wird als Bruttoinlandsprodukt bezeichnet. Diese Maßzahl wird seit 1993 in den amtlichen Statistiken anstelle des Bruttosozialprodukts als zentraler Vergleichswert für die wirtschaftliche Leistung – meist von Ländern oder anderen großen wirtschaftlichen Einheiten – verwendet. Rechnerisch ergibt sich das Bruttoinlandsprodukt im wesentlichen aus der Bruttowertschöpfung der einzelnen Wirtschaftsbereiche, die um Entgelte für Bankdienstleistungen, nichtabziehbare Umsatzsteuer sowie um anfallende Einfuhrabgaben vermindert wird.

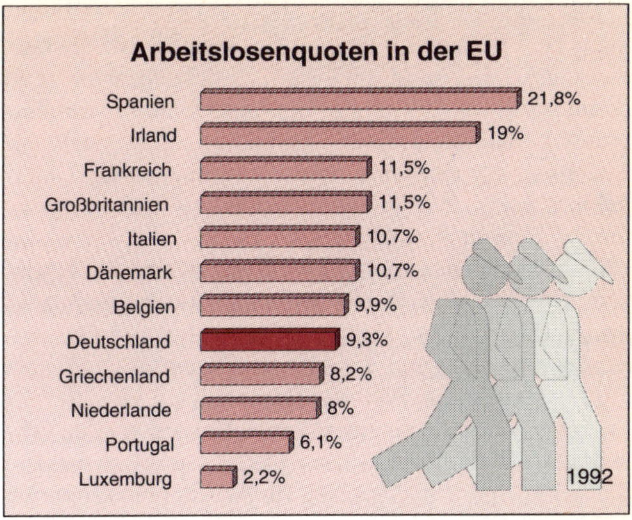

gangen, die Arbeitslosenquote von 9,3 auf 7,2 Prozent gesunken. Das Volkseinkommen hatte mit fast 30.000 Mark pro Kopf der Bevölkerung ebenfalls einen neuen Höchststand erreicht.

Im westlichen Ausland wurde gerade diese Aussicht äußerst kontrovers diskutiert: »Germany: Benign or Malign?« (»Deutschland: Gutartig oder bösartig?«) titelte im Januar 1990 das englische Wirtschaftsmagazin »The Economist«, und Daniel Burstein war sicher: »Es wird eine deutsche Supermacht geben – und sie wird die treibende Kraft in der neuen europäischen Ordnung sein.«

2. Der Absturz

Die Prognose klingt in den Ohren deutscher Unternehmer und Manager, die um das Überleben ihrer Betriebe fürchten, aber auch hunderttausender Arbeitnehmer, die von Arbeitplatzverlust und Reallohnkürzungen betroffen oder bedroht sind, keine vier Jahre später wie bitterer Hohn.

Das Bruttoinlandsprodukt des vereinigten Deutschlands ist 1993 um 1,9 Prozent (im Westen) beziehungsweise um 1,3 Prozent (im Osten) zurückgegangen – und damit stärker als je zuvor in der Geschichte der Bundesrepublik. Die industrielle Produktion, traditionell der Eckpfeiler der deutschen Wirtschaft, mußten die Unternehmen nach 1992 (minus 2 Prozent) 1993 noch einmal um 7,5 Prozent zurückfahren.

Der Wert der deutschen Exporte verringerte sich gegenüber 1992 von 670 auf 603 Milliarden Mark – und damit um rund 12 Prozent. Der Anteil am weltweiten Gesamtexport ging von 11,8 Prozent (1992) auf 10,7 Prozent (1993) zurück. Die Zahl der Beschäftigten sank um 1,9 Prozent und führte zu einem neuen Rekord bei den offiziell registrierten Arbeitslosen: Deren Anzahl, so meldete die Nürnberger Bundesanstalt für Arbeit, lag im Februar 1994 erstmals nach dem Zweiten Weltkrieg über vier Millionen. Besserung ist nicht in Sicht.

3. Die Hintergründe

Bereits vor vier Jahren fehlte es nicht an warnenden Stimmen, die vor allzu viel Überschwang im Konjunkturhoch warnten.

Bereits im Frühjahr 1989 hatte das Münchner ifo-Institut für Wirtschaftsforschung in einer Umfrage unter den Verantwortlichen der deutschen Industriebetriebe festgestellt: Knapp drei Viertel der produzierenden Unternehmen hielten eine kritische Diskussion über die Qualität des Standorts Deutschland für nützlich bis notwendig – besonders was die Bedingungen für die industrielle Produktion betraf.

Die Faktoren, die sie in Deutschland im Vergleich zu den wichtigsten ausländischen Konkurrenten als ungünstiger beurteilten, lauteten (in der Rangfolge ihrer Negativ-Beurteilung):

- Personalzusatzkosten (im Vergleich zu hoch)
- Direktlohn (zu hoch)
- Unternehmensbesteuerung (zu hoch)
- Arbeitszeit und Arbeitszeitregelungen (zu kurz/zu starr)
- Lohnstückkosten (zu hoch)
- behördliche Vorschriften (zu viele, zu unflexibel, zu undurchsichtig)
- Betriebsnutzungszeiten (zu kurz)

Als Vorzüge des Standorts Deutschland beurteilt wurden deutlich weniger Faktoren (in der Reihenfolge der Positiv-Beurteilung):

- Qualifikation der Mitarbeiter (im Vergleich höher)
- technische Infrastruktur (besser ausgebaut, funktioneller)
- Kundennähe (Kontakte enger, verläßlicher)
- politische Stabilität (problemlos)
- Arbeitsproduktivität (höher)

Diese Kriterien lassen sich nahezu nahtlos auf die aktuelle Diskussion übertragen. Als Hintergründe für die Krise nennen die Kritiker auch heute am häufigsten: Die Kosten für Arbeit und sozialen Schutz sowie für Steuern und andere Abgaben seien viel zu hoch – zu niedrig dagegen die Arbeitszeit, Leistungsbereitschaft und Produktivität der Arbeitskräfte im »kollektiven Freizeitpark Deutschland«. Zwangsläufige Folge: das Abwandern immer weiterer industrieller Produktionsbereiche in die *Billiglohnländer* Osteuropas und Südostasiens.

Ist die »ökonomische Supermacht« des Vereinigungsjahres 1990 tatsächlich in nur drei Jahren vom beneideten Exportweltmeister zum Krisenherd mit trüben Zukunftsaussichten verkommen? Droht weit über konjunkturelle Probleme hinaus eine tiefgreifende Erosion des Produktionsstandorts Deutschland – und damit die nachhaltige Unterminierung des Fundaments der bisherigen wirtschaftlichen Erfolge? Ist der langfristige Abstieg Deutsch-

Billiglohnländer

Als Billig- oder Niedriglohnländer gelten Länder, in denen zwar industrielle Produktion in nennenswertem Umfang stattfindet, die Arbeitskosten im Vergleich mit den hochindustrialisierten Staaten aber weitaus niedriger liegen. Niedriglohnländer gibt es auch innerhalb der Europäischen Union: Während in den »Hochlohnländern« der EU – in Deutschland, Frankreich und den Benelux-Staaten – die durchschnittlichen Kosten je geleistete Arbeitnehmerstunde (inklusive Lohnnebenkosten) 1988 zwischen 42 und 30 Mark lagen, mußten Arbeitgeber in Portugal nur sechs und in Griechenland 10,50 Mark für die Arbeitsstunde bezahlen. In den achtziger Jahren wurden als Billiglohnländer in erster Linie die industriellen Schwellenländer Ostasiens wie Korea, Taiwan, Hongkong oder auch Indien bezeichnet. Seit dem Fall des Eisernen Vorhangs zählen auch die Staaten Osteuropas dazu. Die Abstufungen innerhalb dieser Gruppe sind enorm: In der Tschechischen Republik und in Ungarn kostete die Arbeitsstunde Anfang 1994 zwischen drei und fünf Mark, in Polen ist sie schon für zwei Mark und in der Ukraine oder in Weißrußland gar für eine Mark oder weniger zu haben.

lands in die unteren Etagen der internationalen Wirtschaftsmächte programmiert – und allenfalls noch unter schnellster Beseitigung zahlloser »Störfaktoren« wirtschaftlicher, politischer und gesellschaftlicher Art zu vermeiden?

Oder ist alles ganz anders: Wird unter dem Standort-Etikett am Ende nur »ein Problem diskutiert, das es in der behaupteten Art weder jetzt gibt noch in der Vergangenheit in Deutschland gab«, wie das Deutsche Institut für Wirtschaftsforschung (DIW) vermutet? Erklärt sich die gegenwärtige Krise zuallererst aus einer ganz normalen konjunkturellen Talfahrt im weltwirtschaftlichen Umfeld – die nur deshalb so besonders heftig ausfällt, weil sie durch die »Sonderkonjunktur« im Gefolge der deutschen Einheit künstlich hinausgezögert wurde? Besteht die eigentliche Gefahr für die künftige Entwicklung etwa gerade darin, daß der falschen Analyse – nämlich daß es ein Standortproblem gäbe – die falsche Therapie folgt?

4. Ziele der Standortdiskussion

Öffentliche Diskussionen über die Wirtschaftskraft der Bundesrepublik und die internationale Wettbewerbsfähigkeit sind bisher noch in jeder der zurückliegenden Konjunkturkrisen entbrannt.

Unter dem Schock der Ölkrise von 1974, in der das deutsche Bruttosozialprodukt erstmals nach 1945 real sank, haben Wirtschaftswissenschaftler mit zwingender Logik der weltwirtschaftlichen Dominanz der westlichen Industrienationen das nahe Ende prophezeit. Im Konjunkturtal der Jahre 1979 bis 1982 wurde das Ausscheiden Europas und seiner ökonomischen Führungsmacht, der Bundesrepublik Deutschland, aus der ersten Reihe der Wirtschaftsnationen als unabwendbar hingestellt. Was folgte, war die bisher längste Hochkonjunkturphase der Nachkriegszeit – in der die Bundesrepublik über Jahre hinweg die USA als Exportnation Nummer eins ersetzte.

Dennoch – oder gerade deshalb – waren die heftigen Diskussionen um die in der Krise zutage tretenden Strukturprobleme in Wirtschaft, Politik und Gesellschaft früher ebensowenig überflüssig, wie es heute die Standortdebatte ist. Denn wenn sie auch häufig emotional überhitzt geführt wurden, so haben diese Diskussionen doch stets dazu beigetragen, Verkrustung und Ineffizienz freizulegen, die sich in Phasen konjunktureller Höhenflüge zwangsläufig in die Strukturen aller volkswirtschaftli-

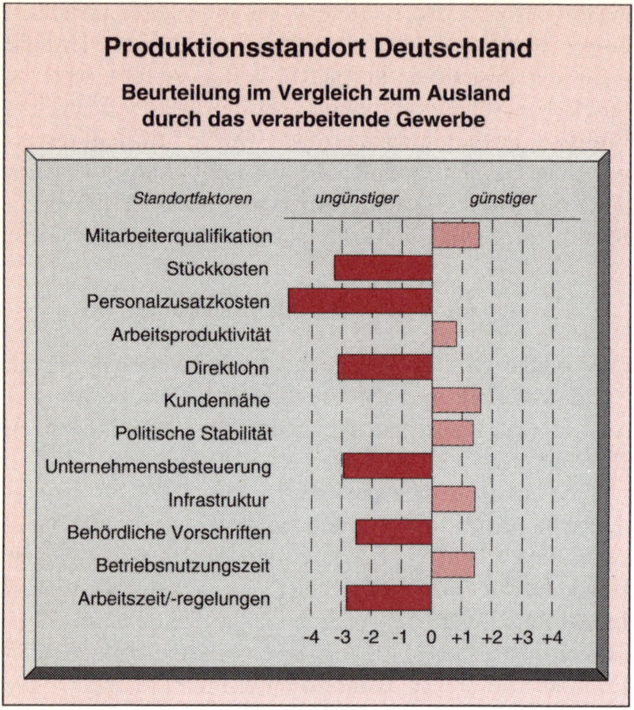

chen Organismen einzuschleichen beginnen. Sie waren notwendige Voraussetzung dafür, aus dem Getriebe der Wirtschaft den Sand wegzublasen, der sich darin angesammelt hatte – und sie waren damit letztlich erfolgreich.

Genau das ist auch das erklärte Ziel der gegenwärtigen Standortdiskussion. Wer heute den »Standort Deutschland« ins Gespräch bringt, ist gemeinhin nicht daran interessiert, über dessen Vorzüge zu reden: Er will die Defizite thematisieren, die die Bundesrepublik aus der Sicht des nach einem optimalen Standort für seine unternehmerischen Pläne suchenden Investors unattraktiv machen. Und so sind es in aller Regel meistens die Entscheidungsträger der Wirtschaft sowie die ihnen nahestehenden Politiker und Wissenschaftler, die unter diesem Etikett ihre Kritik an den bestehenden (Kosten-)Strukturen, gesetzlichen (Über-)Regulierungen und gesellschaftlichen wie politischen (Stör)Faktoren äußern, die ihrer Meinung nach die freie wirtschaftliche Entfaltung und das Wachstum in der Bundesrepublik hemmen. Häufig unter dem Stichwort »Deregulierung« wird deshalb ein Abbau *bürokratischer Hemmnisse* gefordert.

Auch unter den so häufig zitierten »Standortfaktoren« listet derzeit kaum jemand die Stärken des wirtschaftlichen, politischen und sozialen Gefüges auf.

Denn nach wie vor ist Deutschland hinter den USA der zweitgrößte Warenexporteur der Welt. Und diese Stellung wird die deutsche Exportwirtschaft aller Voraussicht nach auch weiterhin halten können: Für 1995 prophezeit die Organisation für wirtschaftliche Zusammenarbeit und Entwicklung (OECD) den USA einen Anteil an den welt-

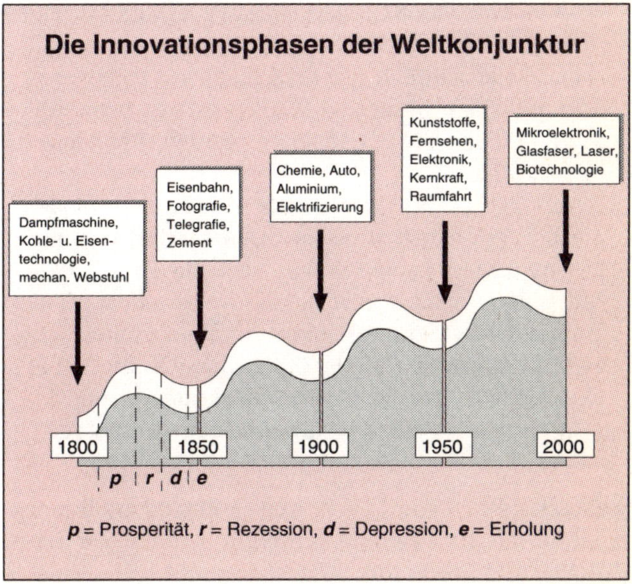

Bürokratische Hemmnisse

Als Deregulierung wird seit der ordnungspolitischen Diskussion der achtziger Jahre in den USA generell der Verzicht auf Gesetze und Verordnungen verstanden, mit denen staatliche Instanzen in die Marktvorgänge eingreifen. Dazu gehören staatlich verfügte Monopolstrukturen (Telekommunikation, Bahn etc.) oder die Normierung von Bauvorhaben ebenso wie Vorschriften zur Reinhaltung von Luft oder Gewässern, gesetzliche Arbeitsschutzbestimmungen oder Ladenschlußzeiten.

Im Amerika der »Reaganomics« wurde der Begriff zum Zauberwort für die Befreiung der Marktkräfte von allen staatlichen Beschränkungen und Hemmnissen, die ihre Entfaltung behindern. Dahinter steht die Überzeugung, daß alle staatlichen Verwaltungen dazu tendieren, ihre Regulierungswut auf immer weitere Bereiche auszudehnen – und dabei die ursprünglichen Ziele, nämlich Marktversagen zu korrigieren oder politische Ziele durchzusetzen (was von den Marktkräften nicht gewährleistet werden kann), letztlich verfehlen.

Derart gebraucht, widerspricht der Begriff fundamental dem Konzept der sozialen Marktwirtschaft: Dieses basiert gerade darauf, daß die Politik dem Markt dort Grenzen setzt, wo die vorhersehbare Wirkung der Marktkräfte höherwertige politische Ziele nicht gewährleistet. In der politischen Diskussion in Deutschland ist daher oft vorsichtiger von der »Durchforstung des Regelungsdickichts« die Rede.

weiten Exporten von 12,4 Prozent, während die Bundesrepublik mit 10,3 Prozent weiterhin deutlich vor Japan (9,1 Prozent) liegen soll.

II. Wirtschaftsstandorte – Konzepte und Faktoren

1. Das betriebswirtschaftliche Standortkonzept

Begriff und Konzept des »Standorts« stammen aus der Betriebswirtschaftslehre: Mit der »Standorttheorie« hat die Wissenschaft den Betriebsführern schon vor über 70 Jahren ein Instrumentarium an die Hand gegeben, nach sachlichen Gesichtspunkten den für ihre individuelle Investitionsentscheidung optimalen Unternehmensstandort zu bestimmen. Dazu wurden zunächst »Standortfaktoren« aufgelistet, also Sachverhalte, die für die Wahl eines Standorts unter ökonomischen Gesichtspunkten maßgeblich sind. Aus einer Vielzahl dieser Faktoren, die sowohl branchenspezifisch wie branchenunabhängig sein können, läßt sich das »Standort-Dreieck« konstruieren. Die Eckpunkte bilden

- der Ort der billigsten Rohstoffe,
- der Ort der billigsten (und gleichzeitig geeigneten) Arbeitskräfte und
- der Haupt-Konsumentenort.

Innerhalb dieser Eckpunkte mußte, so die These im anfänglichen Einfach-Modell, der für die Wahl einer Unternehmensniederlassung kostengünstigste Standort liegen.

Die Standorttheorie, ursprünglich für die einzelbetriebliche Standortwahl innerhalb eines nationalen Staatsgebildes entwickelt, wurde in der Folge ständig erweitert und verfeinert. Bald war es nötig, hierarchische Ebenen in die stetig wachsende Menge der Standortfaktoren einzuplanen. Denn immer weniger legten die »immobilen« Faktoren wie Grundbesitz, Rohstoffe oder Verfügbarkeit geeigneter Arbeitskräfte den investitionswilligen Unternehmer in der Auswahl eines Standorts von vornherein

Standortfaktoren

(aus Unternehmenssicht)

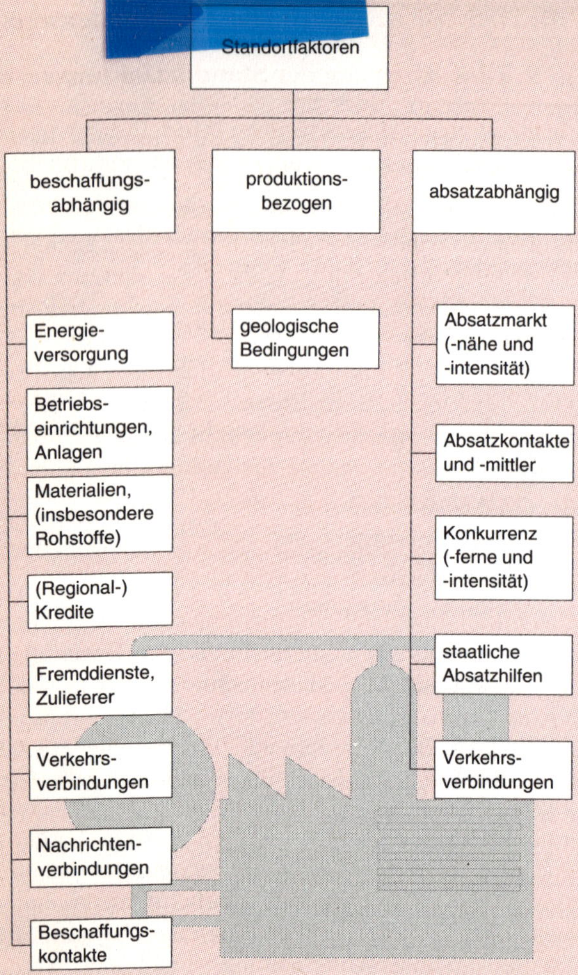

fest. Je freier die Planungsverantwortlichen in den Betrieben aber in ihren Entscheidungsmöglichkeiten wurden, desto mehr mußten sie darauf achten, eine immer größere Anzahl weiterer Faktoren in ihre Standortentscheidung einzubeziehen.

2. Klassifizierung der Standortfaktoren

Im heute gültigen Standortanalyse-Modell unterscheidet man zwischen drei Hauptgruppen von Standortfaktoren:

- beschaffungsseitige (input-bezogene) Faktoren wie Bodenpreise und Mieten, Rohstoffe, Qualifikation und Kosten der Arbeitskräfte, Nähe der Zulieferer, Nachrichten- und Verkehrsverbindungen, Steuer- und Abgabenlast,
- absatzseitige (output-bezogene) Faktoren wie Kaufkraft, Marktnähe, Konkurrenz,
- produktionsbezogene (throughput-bezogene) Faktoren wie politische, soziale, technologische und ökologische Bedingungen.

Diese Untergruppen enthalten ihrerseits erst die entscheidenden, weil direkt kostenrelevanten Einzelfaktoren. Je nach den individuellen Bedürfnissen fassen die Planungsverantwortlichen im Unternehmen im Regelfall zu »Orientierungsblöcken« zusammen:

- *Materialorientierte* Standortentscheidungen richten sich in erster Linie nach den minimalen Kosten zur Bereitstellung des Produktionsmaterials (Rohstoffe, Energie etc.).
- *Arbeitsorientierte* Entscheider bevorzugen bei ihrer Standortsuche Gebiete mit möglichst niedrigen Arbeitslöhnen, hinreichend qualifizierten Arbeitskräften oder einem hohen Unterhaltungs- und Freizeitwert.
- *Abgabenorientierte* Unternehmen suchen Standorte

mit niedrigen (Steuer-)Hebesätzen, in bekannten Steueroasen oder dort, wo Politiker lokal, regional oder national mit hohen Subventionen locken.

- *Energieorientierte* Betriebe prüfen ihren Standort besonders im Hinblick auf die Sicherheit der Versorgung mit der benötigten Energie und deren Preis.
- *Infrastrukturorientiert* gehen die Unternehmen vor, für die die verkehrstechnische Anbindung an große Warenumschlagplätze wie Häfen und Logistikzentren und ein gut ausgebautes Straßen-, Bahn- oder Flugnetz sowie die Verfügbarkeit moderner Telekommunikationsmittel im Vordergrund stehen.
- *Absatzorientiert* wählen solche Unternehmen ihren Standort, denen die enge Verbindung zu ihren Kunden besonders wichtig ist – aber auch solche, die in einen kaufkräftigen regionalen oder nationalen Markt vorzudringen versuchen.

3. Standortfaktoren als Bewertungskriterien

Standortfaktoren sind also die individuellen Zielkriterien, mit deren Hilfe produzierende wie dienstleistende Unternehmen die Auswahl des optimalen Standorts für den Aufbau einer neuen (oder die Verlegung einer alten) Unternehmenseinheit zu systematisieren versuchen.

Daher ist nicht ein einziges der Kriterien, die als Standortfaktoren herangezogen werden, als absolute Größe positiv oder negativ zu bewerten. Die Information, daß in der Stadt X die Büromiete 25 Mark pro Quadratmeter kostet, wird für den vor einer konkreten Standortentscheidung stehenden Unternehmer als Auswahlkriterium erst wertvoll, wenn er weiß, daß in der Nachbarstadt Y Vergleichsangebote bei 40 Mark aufwärts liegen.

Gleiches gilt, wenn unter dem Blickwinkel des Standortkonzepts ganze Volkswirtschaften unter die Lupe genommen werden: Die Tatsache allein, daß in Deutschland der durchschnittliche Lohn für eine Industriearbeiterstunde bei 40 Mark liegt, sagt noch nicht viel aus. Wenn aber internationale Vergleiche ergeben, daß das Lohnniveau in allen Ländern mit ähnlichen sonstigen Produktionsbedingungen deutlich niedriger ist – dann wird der meßbare Standortfaktor »Arbeitskosten« zum Standortnachteil.

4. Die Bedeutung der Standortwahl in der Weltwirtschaft

Daß subjektiv-unternehmensbezogene Zielkriterien heute dafür verwendet werden, die innere Beschaffenheit, die Leistungskraft, ja die generelle »Qualität« ganzer Volkswirtschaften inklusive des sie umgebenden sozio-politischen Gefüges zu analysieren und zu bewerten, ist alles andere als unproblematisch. Denn weil die Fragestellung die Gegebenheiten eines Standorts allein aus dem Blickwinkel des Unternehmers betrachtet, schließt sie Analyseelemente wie eventuelle unternehmerische Fehlleistungen und deren Folgen von vornherein aus. In der wirtschaftswissenschaftlichen Theorie wird das Standortkonzept daher auch nicht als Ansatz zur Erforschung volkswirtschaftlicher Entwicklungen verwendet.

Dennoch gibt es einen einleuchtenden Grund, warum das Konzept in der wirtschaftspolitischen Diskussion unserer Tage einen so bedeutenden Raum eingenommen hat: Die Entscheidungsfreiheit der Unternehmensverantwortlichen, Produktions- oder Entwicklungseinheiten dort neu zu installieren (oder sie zu verlegen), wo der »Gesamt-Mix« dieser Faktoren den handelnden Unternehmen am ökonomisch vorteilhaftesten erscheint, war noch nie so groß wie heute.

Während früher die Auswahl möglicher Standorte besonders für produzierende Unternehmen durch einige entscheidende Zielgrößen wie die Nähe zu Rohstoffvorkommen, zum heimischen Absatzmarkt oder gut ausgebildeten Arbeitskräften weitgehend vorbestimmt war, ist dies heute grundlegend anders: Drastisch gesunkene Frachtkosten und -zeiten machen den Transport von Halbfertigwaren oder Endprodukten selbst über Tausende von Kilometern hinweg profitabel – wenn nur die Differenz der übrigen Kosten (wie Löhne, Steuern und andere) zwischen dem Produktions- und dem Bestimmungsort groß genug ist. Das Kapital selbst ist ohnehin traditionell der mobilste aller Wirtschaftsfaktoren. Seine sofortige Bereitstellung zur Investititon an jedem gewünschten Punkt der Erde ist im Zeitalter des Telebanking ein Kinderspiel.

Bis vor wenigen Jahren waren all diese Möglichkeiten in der Praxis noch ausschließlich international agierenden Großunternehmen vorbehalten. Auch das hat sich grundlegend geändert: Selbst mittelständische oder kleine Unternehmen hindert heute nichts mehr daran, besonders die personalintensiven Bereiche ihres Produktionsprozesses nach Belieben ins Ausland zu verlagern – oder sie im Zuge des »Outsourcing« gleich vollständig an einen ausländischen Zulieferer zu vergeben und damit ganze Fertigungsbereiche aufzugeben.

Für den planenden Unternehmer oder Manager stehen die nationalen Volkswirtschaften also heute in einem ähnlichen Konkurrenzverhältnis zueinander wie früher Gemeinden oder Regionen: Er kann sich, nach sorgfältiger Abwägung aller relevanten Faktoren, weitgehend frei entscheiden, in welchem der in Frage kommenden Länder ihm die Standortbedingungen am günstigsten erscheinen. Dieses bekommt dann den Zuschlag – denn der Unternehmensentscheider ist der Herr des Verfahrens. Und: Seine Entscheidung muß keineswegs für die Ewigkeit gelten. Sobald sich die Umstände, besonders die Kostenfaktoren, im Land seiner Wahl zu seinen Ungunsten ändern, wird der Standort einfach wieder verlegt: in das Land, das nun die attraktiveren Bedingungen bietet.

III. Weltwirtschaft im Umbruch

1. Die Veränderung der Wettbewerbssituation im »globalen Dorf«

Für die nationalen Volkswirtschaften – und da gilt auch für die deutsche keine Ausnahme – bedeutet die erhöhte Entscheidungsfreiheit der Unternehmen auch: Sie müssen wesentlich mehr als früher darauf bedacht sein, diesen die geforderten attraktiven Standortbedingungen tatsächlich zu bieten. Ob es den Regierungen und anderen gesellschaftlich wichtigen Gruppen in den einzelnen Ländern gefällt oder nicht: Es muß heute in einem viel höheren Ausmaß als früher als Aufgabe nationaler Wirtschaftspolitik begriffen werden, den »Zielkorridor« der Unternehmen zu erfassen und in Wahlplattformen, Regierungsprogrammen und anderen politischen Gestaltungsentwürfen zu berücksichtigen.

Neben den rein wirtschaftlichen Strukturen gilt es auch, die rechtlichen, politischen und gesellschaftlichen Rahmenbedingungen diesen von den Unternehmen gesetzten Maßstäben anzupassen. Wie weit diese Anpassung allerdings gehen sollte und wo sie ihre Grenzen findet – diese Frage zu entscheiden, wird die Aufgabe der politischen Diskussion der kommenden Jahre sein.

Eines jedoch steht schon heute fest: Es wird sowohl in Deutschland als auch in den anderen Ländern der industrialisierten Welt längst nicht mehr genügen, sich auf traditionelle Stärken zu verlassen. Denn das gesamte Gefüge der Weltwirtschaft, wie es sich in den Jahrzehnten seit dem Ende des Zweiten Weltkriegs herausgebildet hatte, befindet sich in einer Phase tiefgreifenden Umbruchs. Im Übergang von der Industrie- auf die Dienstleistungsgesellschaft, von der produktionszentrierten Vergangenheit auf die informationszentrierte Zukunft werden sich traditionelle Gewichte erheblich verschieben. Scheinbar festgefügte Aufgaben und Positionen in der internationalen Wirtschaftsordnung werden neu verteilt werden. Auch für die Bundesrepublik Deutschland wird es entscheidend darauf ankommen, nicht nur reaktiv die erworbene Spitzenstellung abzusichern, sondern durch die Entwicklung neuer, unverwechselbarer Ideen, Produkte und Stärken aktiv ihre Rolle in der neuen Ordnung der internationalen Arbeits- und Wohlstandsteilung zu bestimmen.

2. Die neue Konkurrenz der industriellen Produktionsstandorte

Bei der Standortfrage hat sich ein wesentliches Element des weltwirtschaftlichen Gefüges schon in den vergangenen Jahren einschneidend verändert: Der Kreis der Länder, die mit echten Erfolgschancen um den begehrten Standortzuschlag wetteifern, ist heute ungleich größer als noch vor fünf Jahren.

Besonders drei Wirtschaftsräume sind es, die sich gegenwärtig für industrielle Produktionsprozesse nahezu aller Art als leistungsfähige und zudem kostengünstige Alternativen zu den alten Industrieländern anbieten:

- die Großregion Südostasien mit den vier »Tiger-Staaten« Südkorea, Taiwan, Hongkong und Singapur – aber auch mit den aufstrebenden Schwellenländern Thailand, Philippinen, Malaysia und Indonesien,
- die Volksrepublik China,
- die Reformstaaten Osteuropas wie Ungarn, Tschechische Republik, Polen, Bulgarien sowie (mit Einschränkungen) die Nachfolgestaaten der ehemaligen Sowjetunion: Rußland, die Ukraine und Weißrußland.

In allen drei Großregionen lassen sich heute grundsätzlich industrielle Waren, ob Investitionsgüter oder Endverbraucher-Produkte, in großen Mengen und konkurrenzfähiger Qualität herstellen – wenn auch von Fall zu Fall in höchst unterschiedlichem Ausmaß. Mit ihren spezifischen Bedingungen hinsichtlich

- Technologie- und Fertigungs-Know-how,
- extrem niedrigen Arbeitskosten und
- zumeist ebenso niedrigen Standards (und damit Kosten) im Sozialen und im Umweltschutz

haben alle genannten Länder die Möglichkeit, besonders Industriegüter niedriger bis mittlerer Technologiestufen wie Eisen- und Stahlwaren, chemische Fasern oder Textilien, aber auch elektrotechnische und elektronische Bauteile, Baugruppen und ganze Systeme wesentlich billiger auf dem Weltmarkt anzubieten als die Industrieländer.

Die Folgen für die Industrieländer sind, unter dem Blickwinkel der Standortfrage betrachtet, zunächst einmal eindeutig: In den Produktgruppen, in denen der Wettbewerb auf dem Weltmarkt vorwiegend über den Preis entschieden wird und die enormen Kostenvorteile der neuen Konkurrenten nicht über Zusatzkriterien wie höherwertige Technik, Produktqualität, besseres Design oder intensiveren Service ausgeglichen werden können, gehen mehr und mehr Marktanteile an die Rivalen aus den Billiglohnländern verloren.

Für die einzelnen Unternehmen, die derartige Produkte herstellen, wird das heimatliche Hochlohnland als Standort für die Warenproduktion ökonomisch zunehmend zur Belastung, weil die Fertigung dort nur noch Verluste bringt. Den Unternehmen bleiben nur drei Möglichkeiten der Reaktion:

- Sie geben die Produktion der betroffenen Güter auf und kaufen diese, sofern sie als Zwischenprodukte im eigenen Herstellungsprozeß benötigt werden, von den ausländischen Konkurrenten billig ein.

- Sie verlagern die betroffenen hauseigenen Fertigungsbereiche ebenfalls in ein Billiglohnland, um selbst von den Kostenvorteilen zu profitieren.
- Sie fordern – allein oder im Verbund mit anderen betroffenen Unternehmen – staatlichen Schutz. Dieser kann von Einfuhrverboten über Schutzzölle auf die Niedrigpreisangebote aus dem Ausland bis hin zu staatlichen Ausgleichszahlungen (Subventionen) reichen.

In allen drei Fällen sind die Auswirkungen für die Industrieländer in ihrer Eigenschaft als Produktionsstandorte vordergründig eindeutig negativ: Sowohl mit der Einstellung der Produktion als auch bei ihrer Verlagerung ins Ausland gehen Wertschöpfung und Arbeitsplätze im Inland verloren und wandern ins Billiglohnland ab. Der Erlaß von Einfuhrbeschränkungen und die Erhebung von Schutzzöllen finden ihre Grenzen mehr und mehr in den Freihandelsbestimmungen internationaler Abkommen wie dem GATT (General Agreement on Tariffs and Trade), gegen die zu verstoßen für die Regierungen immer unangenehmere Folgen hat. Subventionen schließlich verschlingen Milliardenbeträge – Geld, das die öffentlichen Verwaltungen aus Steuern und Abgaben aufbringen müssen, um es für den künstlichen Erhalt gefährdeter Branchen aufzuwenden, die in den meisten Fällen ohnehin nicht auf Dauer zu halten sind.

Das Auftreten neuer Konkurrenten mit Billiglohnstruktur bei gleichzeitig hochentwickeltem technischem Wissensstand ist in der internationalen Wirtschaftsgeschichte der Nachkriegszeit nichts grundsätzlich Neues, wie der Aufstieg Japans in den sechziger und siebziger Jahren sowie jener der Bundesrepublik selbst in den fünfziger und sechziger Jahren zeigen. Allerdings hat die Problematik für die Industrieländer in jüngster Zeit eine neue Dimension erreicht. Es sind im wesentlichen zwei Faktoren, die die veränderte geo-ökonomische Situation gegenwärtig so bedrohlich erscheinen lassen:

- Im Osten Asiens und im Osten Europas fallen derzeit zwei bedeutsame Entwicklungen zeitlich zusammen: Der wirtschaftliche Aufstieg so bedeutender Regionen wie der Volksrepublik China und des asiatisch-pazifischen Raums sowie die gleichzeitige Öffnung der industrialisierten Länder Osteuropas hin zum offenen Welthandel setzen gewaltige Produktionskapazitäten frei. Ob der Weltmarkt die dadurch entstehenden Gütermengen aufnehmen kann oder ob es in weiten Bereichen industrieller Güter zu einer Überproduktionskrise ungeahnten Ausmaßes kommen wird, ist noch völlig offen.
- Fest steht hingegen, daß die Rohstoffe und Industriegüter, die aus diesen Ländern auf den Weltmarkt drängen, geeignet sind, einen großen Teil der Produkte zu ersetzen, die bislang von den Fließbändern der Betriebe in den Industrieländern liefen. Davon sind fast alle Branchen betroffen, die dort zu den Kernbereichen der industriellen Wertschöpfung zählen: der Eisen- und Stahlbau, die Metallverarbeitungsbranche, der Maschinen- und Anlagenbau, die Elektrotechnik und Elektronik, die Chemie, die Textil- und die Lebensmittelindustrie.

3. Folgen für den Standort Deutschland

In der Bundesrepublik Deutschland wurden trotz des stetigen Anwachsens des Dienstleistungssektors 1993 noch über 36 Prozent des Bruttoinlandsprodukts im produzierenden Gewerbe erwirtschaftet. Mit 11,3 Millionen von insgesamt 31 Millionen waren 1992 rund 35 Prozent der Erwerbstätigen im alten Bundesgebiet in der Produktion tätig. Die personalintensivsten und umsatzstärksten

Branchen der deutschen Wirtschaft gehören in beträchtlichem Ausmaß zu eben jenen industriellen Produktionsbereichen, die von der neuen Konkurrenz aus den aufstrebenden Ländern Asiens und Osteuropas direkt betroffen sind.

Ostasien

Für die Staaten des asiatisch-pazifischen Raums gilt dies schon seit über zehn Jahren. Seit Beginn der achtziger Jahre haben deutsche Großkonzerne verschiedener Branchen wie Siemens (Elektrotechnik), Nixdorf (Computer), Mannesmann ((Maschinenbau) oder Bayer (Chemie), aber auch mittelständische Firmen der Textil- oder Lebensmittelindustrie Länder wie Südkorea, Taiwan oder Indonesien als »verlängerte Werkbank« benutzt: Vorzugsweise personalintensive Teile der Produktion wurden in firmeneigene asiatische Tochtergesellschaften verlagert, immer mehr Zwischenprodukte wie elektronische Bauteile oder einfache Chemiefasern von Billiglieferanten aus Südostasien oder China zugekauft und Zehntausende von Arbeitsplätzen dabei »exportiert«.

Der Warenexport hielt mit dieser Entwicklung keineswegs Schritt. Heute weist Deutschlands Außenhandelsbi-

Asiatische Freihandelszone (Thailand, Philippinen, Malaysia, Singapur, Indonesien)	
Indonesien	
Einfuhr: 13,5 Milliarden Mark	Ausfuhr: 12 Milliarden Mark
Volksrepublik China	
Einfuhr: 11,6 Milliarden Mark	Ausfuhr: 5,7 Milliarden Mark
Taiwan	
Einfuhr: 7,4 Milliarden Mark	Ausfuhr: 5 Milliarden Mark
Republik Korea	
Einfuhr: 5,3 Milliarden Mark	Ausfuhr: 4,8 Milliarden Mark
Hongkong	
Einfuhr: 4,7 Milliarden Mark	Ausfuhr: 4,8 Milliarden Mark

lanz längst nicht mehr nur im Verhältnis zur asiatischen Wirtschafts-Supermacht Japan chronische Defizite aus (Einfuhrüberschuß 1992: über 23 Milliarden Mark). Auch im Warenaustausch mit den meisten übrigen Handelspartnern Ostasiens – der Region, die mit Zuwachsraten von jährlich rund acht Prozent das weltweit entschieden dynamischste Wirtschaftswachstum aufweist – sind die Zahlen tiefrot (Stand: 1992).

Seit der Öffnung der Grenzen zu Osteuropa in den Jahren 1989 bis 1991 befindet sich die deutsche Wirtschaft in einer bedenklichen Situation: Tür an Tür mit Ländern, in denen die Kosten pro Arbeitsstunde nur ein Zehntel bis ein Sechstel der über 40 Mark ausmachen, die ein Arbeitgeber inklusive aller Lohnzusatzkosten für die durchschnittliche Arbeitsstunde in Westdeutschland ausgeben muß.

Rund ein Siebtel der zwei Millionen Arbeitsplätze, die in Bergbau und Industrie in Gesamtdeutschland seit 1991 verlorengegangen sind, rechnen Experten dem Effekt der Ost-Verlagerung zu.

Dieser Trend wird sich nach Ansicht deutscher Wirtschaftswissenschaftler in den kommenden Jahren sogar noch verstärken: Jedes dritte von fast 1.000 befragten Unternehmen hat in einer Umfrage des ifo-Instituts Anfang 1994 die Absicht geäußert, Produktionsbereiche ins Ausland zu verlagern. Eindeutiger Spitzenreiter unter den Zielländern war die Tschechische Republik mit 45,6 Prozent der Nennungen – gefolgt von Portugal (9,7 Prozent), Ungarn (7,3 Prozent) und Polen (6,9 Prozent). Auf den nächsten Rängen folgen Länder, die alles andere als Billiglohn-Strukturen bieten: die Schweiz (6,5 Prozent) und Frankreich (6,2 Prozent).

Das Ergebnis zeigt deutlich, daß die Lohnkosten zwar für viele Unternehmen ein wesentlicher Faktor bei der Standortwahl sind – aber bei weitem nicht der allein ausschlaggebende.

IV. Made in Germany: Die Erfolgsbasis des Standorts Deutschland

Um seriöse Aussagen über die Beschaffenheit und die qualitative Einschätzung der Bundesrepublik Deutschland als Wirtschaftsstandort machen zu können, sind zwei Arten von vergleichender Betrachtung erforderlich:

– der Außen-Vergleich geeigneter Standortindikatoren und -faktoren mit den Staaten der weltwirtschaftlichen Gemeinschaft, mit denen Deutschland im Wettbewerb steht,
– die Binnen-Betrachtung der Basisfaktoren, die in der Vergangenheit die Eigenheiten des Standorts Deutschland geprägt haben, und die Richtung ihrer aktuellen Entwicklung.

Nur das Wissen über den Weg der deutschen Wirtschaft in ihre heutige weltwirtschaftliche Position macht verständlich, welche Veränderungen den einstigen Erfolgsstandort Deutschland ins Gerede gebracht haben – und zeigt, ob sie ihn nachhaltig bedrohen.

1. Die wirtschaftliche Entwicklung der Bundesrepublik Deutschland

Der Weg der deutschen Wirtschaft aus der Not und den Trümmern des Kriegsendes zu einer der erfolgreichsten Volkswirtschaften der industrialisierten Welt ist ein Stück Zeitgeschichte. Die deutsche Aufbauleistung der fünfziger und sechziger Jahre hat als »Wirtschaftswunder« in aller Welt höchste Anerkennung, aber auch ein gerütteltes Maß an Besorgnis und Neid hervorgerufen.

Ein »Wunder« war sie allerdings ebensowenig wie der schier unaufhaltsame Aufstieg Japans, der zweiten Verlierernation des Krieges, seit Ende der sechziger Jahre.

Wirtschaftsmodell nach Anlaufschwierigkeiten mehr und mehr akzeptiert, so daß damit sowohl die Agrar- als auch die Industrieproduktion neu aufgebaut werden konnten.

Die Finanzspritzen aus den USA, aus Großbritannien (200 Millionen Mark) und Frankreich (15 Millionen Mark) ermöglichten die Modernisierung übriggebliebener und den Aufbau neuer, hochmoderner Fabriken. Die Produktionsbeschränkungen, die alle vier Kriegsalliierten noch 1945 der deutschen Industrie hatten auferlegen wollen, waren bald vergessen: In den Jahren 1950 bis 1962 boomte die deutsche Wirtschaft mit Zuwachsraten von durchschnittlich über zehn Prozent pro Jahr. Bereits ab 1952 erzielte die Bundesrepublik im Außenhandel einen Überschuß, der in der Folge rasch anwuchs.

Die konservativ-liberale Regierung unter Bundeskanzler Konrad Adenauer ließ der Tätigkeit der Unternehmer weitgehend ungehindert ihren Lauf. Diese schufen über sechs Millionen neue Arbeitsplätze, überwiegend im industriellen Bereich. Das sorgte für Vollbeschäftigung: Die Arbeitslosenrate lag 1962 unter einem Prozent. Bei mäßigen Lohn- und Preissteigerungen verdoppelte sich das durchschnittliche Volkseinkommen pro Kopf von 8.100 Mark (1950) auf 16.500 Mark (1962). Es war allerdings auffällig ungleich verteilt: Nur 60 Prozent des Gesamteinkommens von 240 Milliarden Mark flossen in die Lohntüten der abhängig Beschäftigten, während 40 Prozent auf Unternehmensgewinne und Anlagevermögen entfielen.

Die Konjunkturschwankungen der sechziger und siebziger Jahre

Ab Beginn der sechziger Jahre verlangsamte sich das rasante Wachstumstempo zusehends. Im gleichen Maß nahmen die gesellschaftlichen Verteilungskämpfe an Schärfe zu. Nicht zuletzt die Auseinandersetzung über den künftigen wirtschaftspolitischen Kurs führte 1966 zu dem Ende des Regierungsbündnisses zwischen

CDU/CSU und FDP: Bundeskanzler Ludwig Erhard, als Minister unter Adenauer der politische Hauptarchitekt der sozialen Marktwirtschaft, trat zurück, und die Nachfolge-Koalition aus CDU/CSU und SPD setzte unter dem Einfluß von Wirtschaftsminister Karl Schiller (SPD) und Finanzminister Franz-Josef Strauß (CSU) auf direkte staatliche Beeinflussung des Wirtschaftsgeschehens (»Globalsteuerung«): Das Stabilitätsgesetz von 1967 gab der Regierung die Möglichkeit, nach der Theorie des britischen Nationalökonomen John Maynard Keynes mit einer antizyklischen Erhöhung der Staatsausgaben (und -verschuldung) auf die erste echte Rezession zu reagieren, die in jenem Jahr das Bruttoinlandsprodukt erstmals schrumpfen ließ – um moderate 0,2 Prozent.

Der Krise von 1967 folgte eine neuerliche, von großer Hektik auf den internationalen Finanzmärkten begleitete Wachstumsphase. Besonders die Auslandsnachfrage nach deutschen Produkten stieg so stark an, daß bei gleichzeitigem kontinuierlichem Preisverfall für Roh-

Entwicklung des deutschen Außenhandels

(1982 bis 1993 in Mrd. DM)

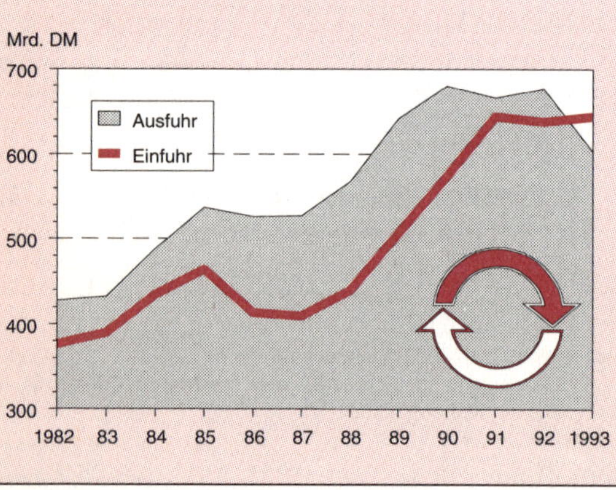

Der Arbeitsplatzabbau in der Industrie

Branchen mit hohen Arbeitsplatzverlusten (1991 bis 1993)

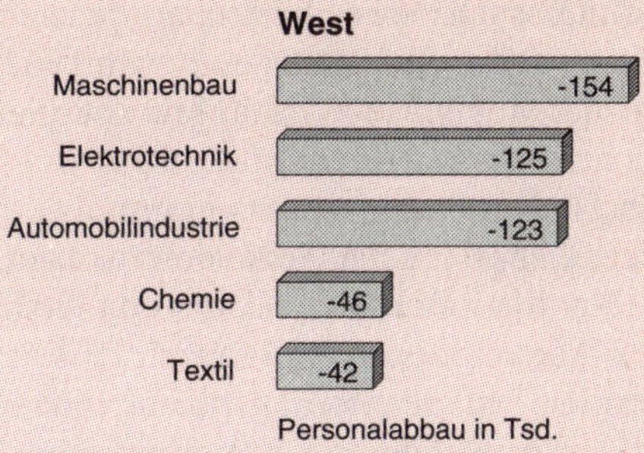

Während 1991 in der westdeutschen Industrie und im Bergbau 7,5 Mio. Menschen beschäftigt waren, wurden Ende 1993 nur noch 6.6 Mio. Beschäftigte gezählt - in diesem Zeitraum gingen 900.000 Arbeitsplätze verloren.

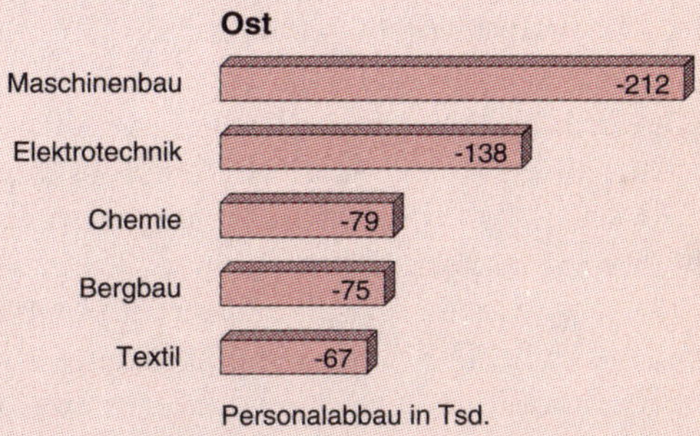

In der ostdeutschen Industrie und im Bergbau gab es 1991 noch 1,8 Mio. Beschäftigte bis Ende 1993 ging die Zahl der Arbeitsplätze um 1,1 Mio. auf 700.000 zurück.

stoffe die Exportüberschüsse und der daraus resultierende Überfluß an Geld die Stabilität der D-Mark zu gefährden begannen (»importierte Inflation«). 1973 war das internationale Währungssystem, seit der Konferenz von »Bretton Woods« 1946 auf starre Wechselkurse eingeschworen, dem Druck der sich fundamental verändernden wirtschaftlichen Kräfteverhältnisse nicht mehr gewachsen: Das »Bretton-Woods-System« wurde aufgegeben, die Kurse dem Einfluß der Marktkräfte preisgegeben.

Die »Umverteilungs«-Lohnrunden zu Beginn der siebziger Jahre und der Ausbau der Sozialgesetze unter der sozialliberalen Koalition ließen die Lohn- und die Lohnnebenkosten stärker ansteigen als die Produktivität. Die Arbeitgeber reagierten in der ersten großen Debatte über den »Standort Deutschland« mit Rationalisierung und Kürzung der Nettoinvestitionen, was die Arbeitslosenzahl sprunghaft erhöhte.

Hinzu kam 1973/74 die erste Ölkrise: Die Preisabsprachen der Ölproduzenten im neu gebildeten OPEC-Kartell trieben die Preise für Rohöl auf fast das Vierfache in die Höhe: Für das Barrel Arabian Light, das im Juli 1973 noch 2,75 Dollar gekostet hatte, mußten die Ölkonzerne im Januar 1974 bereits 10,84 Dollar bezahlen.

Damit verteuerten sich in der Bundesrepublik nicht nur die Lebenshaltungskosten ganz erheblich. In dem Land, das 1970 stattliche 93 Prozent der in jenem Jahr verbrauchten rund 110 Millionen Tonnen Rohöl aus dem Ausland bezogen hatte, schnellten auch die Produktionskosten in die Höhe. Die Folge war ein abrupter Rückgang sowohl der Investitionen als auch des privaten Konsums, der zum bis dato deutlichsten wirtschaftlichen Einbruch führte: 1975 sank das in Deutschland erwirtschaftete Sozialprodukt real (d.h. um die Inflationsrate bereinigt) gegenüber dem Vorjahr um 1,4 Prozent.

Die erste Ölkrise, die – im Unterschied zur ersten

Staatsverschuldung

Auf fast zwei Billionen Mark belaufen sich nach Berechnungen des Bundes der Steuerzahler heute die Gesamtschulden der öffentlichen Hand in Deutschland. Rechnerisch entfallen somit auf jeden der 78 Millionen Bundesbürger über 27.000 Mark. An Zinsen hat der Staat allein 1994 rund 124 Milliarden Mark zu bezahlen – die Hälfte der 254 Milliarden, die er neu aufnehmen muß. Die dreistelligen Milliardenbeträge, mit denen sich der Staat seit der Wiedervereinigung Jahr für Jahr neu verschuldet, stellen eine schwere Hypothek für die Zukunft der deutschen Volkswirtschaft dar. Denn selbst wenn – wie geplant – die Neuverschuldung per Solidar- beziehungsweise Ergänzungsabgabe ab 1995 auf einen Wert von 137 Milliarden Mark verringert werden kann, steigt die Zinslast weiter. Darüber hinaus fehlt die abgeschöpfte Steuersumme für die Wiederbelebung des Konsums.

Wirtschaftskrise von 1967 – auch alle großen Abnehmer deutscher Ausfuhrgüter betraf, hinterließ bleibende Spuren im Gefüge des Standorts Deutschland: Der Sockel von über einer Million Arbeitslosen, zu dem die Investitionsverweigerung der Unternehmen geführt hatte, löste sich auch durch den Wiederanstieg der Nachfrage ab 1976 nicht mehr wirklich auf. Nur mit Hilfe hoher staatlicher Zuschüsse für Lohnkosten (an die Unternehmer) und Mobilitätszulagen (an die Arbeitnehmer) konnte in den folgenden Jahren ein weiterer Anstieg der Arbeitslosenzahlen vermieden werden.

Die Folge waren ein trotz Wachstums ständig steigendes Haushaltsdefizit – und eine Erhöhung der Staatsquote (also des staatlichen Anteils an den volkswirtschaftlichen

Gesamtausgaben) von 38 (1970) auf 50 Prozent (1980). Erstmals seit Jahrzehnten sank nun der Anteil Deutschlands am weltweiten Außenhandel, gingen Marktanteile in wichtigen industriellen Branchen auf Dauer an den neuen Weltmarkt-Konkurrenten Japan verloren.

Der zweite krasse Ölpreis-Anstieg hob das Preisniveau pro Barrel zwischen Januar 1979 und Januar 1982 von 13,3 auf 34 Dollar, was ebenfalls nicht ohne Wirkung blieb: Während die Wachstumsrate 1980/81 bei einem Prozent dahindümpelte, sank das Bruttoinlandsprodukt 1982 sogar um knapp ein Prozent unter das Niveau des Vorjahrs. Die *Staatsverschuldung* erreichte neue Rekordhöhen – 1980 lag der Gesamtbetrag erstmals über 500 Milliarden Mark.

Einmal mehr führte die wirtschaftliche Krise zu einem Koalitionswechsel der FDP – und damit zu einem Regierungswechsel. Im Herbst 1982 übernahm Helmut Kohl das Amt des Bundeskanzlers von Helmut Schmidt (SPD) – mit dem Versprechen, neben einer »geistig-moralischen« auch die ökonomische Wende einzuleiten.

Die Wachstumsphase der achtziger Jahre

Unter dem Motto »mehr Markt und weniger Staat« trat die neue konservativ-liberale Regierung mit dem Versprechen an, den Einfluß des Staates auf das Wirtschaftsgeschehen auf ein »verträgliches« Maß zurückzuführen, die Staatsschulden abzubauen und neue Arbeitsplätze zu schaffen. Erreicht werden sollte dieses Ziel mit Maßnahmen aus der Werkzeugkiste der »angebotsorientierten« Wirtschaftsdoktrin: Während die sozialliberale Koalition der siebziger Jahre versucht hatte, mit einer Politik der »Globalsteuerung« hauptsächlich die Nachfrage nach Gütern und Dienstleistungen zu stärken, sollte jetzt – ähnlich wie in den USA und in Großbritannien – die Angebotsseite gestärkt werden: Sozialleistungen wurden radikal gekürzt, die Unternehmenssteuern gesenkt und zum Ausgleich dafür die Verbrauchssteuern (Mehrwertsteuer u.a.) angehoben. Doch trotz des Sparkurses bei den Sozialausgaben und den kommunalen Körperschaften gelang es nicht, die Schulden der öffentlichen Hand wie geplant abzubauen. Allerdings konnte der Anstieg der Neuverschuldung deutlich gebremst werden: Von 37 Milliarden Mark im Jahr 1982 (Anteil am Sozialprodukt: über drei Prozent) verringerte er sich auf 22 Milliarden Mark im Jahr 1985.

Ab 1983 wuchs die bundesdeutsche Wirtschaft wieder – in moderaten Schritten von jährlich rund zwei Prozent. Da die inländische Nachfrage durch die staatlichen Maßnahmen beschränkt war, wurde der Export zum Hauptträger des Wachstums. Vom schwindelerregenden Anstieg des Dollars (Höchststand 1985: 3,60 Mark) profitierten die deutschen Exporteure nachhaltig. Da der Rekordstand der internationalen Leitwährung deutsche Waren vor allem außerhalb Europas um fast die Hälfte billiger werden ließ, wuchs ihr Marktanteil erheblich: 1985 erreichten die Ausfuhren einen vorläufigen Höchststand von 537 Milliarden Mark.

Selbst als die US-Regierung wegen der Höhe ihrer Verschuldung auf Inflationskurs ging und die amerikanische Währung innerhalb eines Jahres die Hälfte ihres Werts verlor, sackte der deutsche Export nur unwesentlich ab. Vor allem die Abnehmer aus anderen Ländern der Europäischen Gemeinschaft und Westeuropas, deren Währungen innerhalb des Europäischen Währungssystems (EWS) an die D-Mark angekoppelt waren, füllten schnell die Lücke, die kleinere Kundenländer aus dem Dollarraum entstehen ließen. Dafür erreichten nun die Außenhandelsüberschüsse Rekordhöhen: Die OPEC, Hauptverantwortlicher für die Ölpreiskämpfe der siebziger Jahre, war 1985 fast zerbrochen, der Iran und Saudi-Arabien überschwemmten die Weltmärkte mit Rohöl zu Preisen, wie es sie zuletzt vor zehn Jahren gegeben hatte.

Auch alle anderen wichtigen Preise für Rohstoffe und Grundnahrungsmittel sanken deutlich. Die umfassende Veränderung der internationalen Warenaustausch-Verhältnisse (»terms of trade«) zugunsten industrieller Produkte führten in den Ländern der Dritten Welt zu einer Überschuldungskrise bislang ungekannten Ausmaßes. Dem nunmehr führenden Exporteur unter den Industrieländern, der Bundesrepublik Deutschland, verhalf die Verschiebung der Terms of Trade bis 1989 zu jährlichen Exportgewinnen von weit über 100 Milliarden Mark.

Mit dem Geldstrom aus dem Ausland ließ sich im Inneren vieles finanzieren, was der langfristigen Wettbewerbsfähigkeit der deutschen Wirtschaft nicht in jedem Fall zuträglich war:

- die trotz des Booms weiter steigende Schulden- und Zinslast der öffentlichen Haushalte,
- die erst 1987/88 geringfügig abnehmende Arbeitslosigkeit,
- die exponentiell ansteigenden Ausgaben für die Subventionierung kränkelnder Branchen,
- die durch strenger werdende staatliche Vorschriften stetig zunehmenden Kosten für Umweltschutzmaßnahmen,
- die wachsenden Defizite im Handel mit Japan und dem gesamten ostasiatischen Wirtschaftsraum und
- gravierende betriebliche Mißmanagement-Praktiken wie die millionenschweren Devisenbetrügereien im VW-Konzern und andere.

So selbstsicher hatte die anhaltende Hochkonjunktur die wirtschaftlich wie politisch Verantwortlichen gemacht, daß Bundeskanzler Helmut Kohl im Februar 1990 zu Protokoll gab: »Wenn wir nur einen kleinen Teil unseres Außenhandelsüberschusses nach Ostdeutschland umlenken können, ... dann reicht das allein aus, um der Wirtschaft dort eine kräftige Starthilfe zu geben.«

Mit der mehr oder weniger nahtlosen Aufnahme der DDR in den bestehenden rechtlichen, politischen und wirtschaftlichen Ordnungsrahmen der Bundesrepublik durch den Einigungsvertrag von 1990 hatten Deutschland und seine Wirtschaft in den Augen vieler in- und ausländischer Beobachter das große Los gezogen. Kein anderer Industriestaat der Welt hatte nach dem Krieg die Gelegenheit gehabt, sein Staatsgebiet um ein Drittel und seine Bevölkerungszahl um ein Viertel zu vergrößern. Hinzu kamen ein neuer, höchst nachfrageträchtiger Binnenmarkt und die scheinbar intakte Struktur eines leistungsfähigen Industriestaats (als der die DDR in gewisser Hinsicht durchaus gegolten hatte) mit einer gut ausgebildeten, leistungshungrigen und an Billiglohnniveau gewöhnten Bevölkerung. Experten verglichen die Wiedervereinigung der beiden deutschen Staaten mit den in den achtziger Jahren so beliebten Firmenübernahmen an der Wall Street – und erwarteten »Synergieeffekte«: Mit den westdeutschen Leistungsbilanzüberschüssen ließe sich der Osten mühelos sanieren – und gleichzeitig in Westdeutschland der Import einer Inflation vermeiden. Die traditionellen Exportmärkte der DDR im Osten Europas, in Asien und in Afrika wurden als willkommenes Zubrot für die erfolgsgewohnten deutschen Exporteure angesehen. Außerdem wurde für Deutschland wegen des erwarteten Nachfragebooms in den ostdeutschen Ländern eine gewaltige Sonderkonjunktur vorhergesagt, die das Land vor der bereits heraufziehenden weltweiten Konjunkturkrise bewahren werde.

Die Sonderkonjunktur traf parallel zum Vollzug der Wirtschafts- und Währungsunion im Juli und der staatlichen Wiedervereinigung im Oktober 1990 auch tatsächlich ein. Sie bescherte der (west)deutschen Volkswirtschaft in einem weltweit rezessiven Konjunkturumfeld

1990 und 1991 stolze Zuwachsraten von fünf beziehungsweise vier Prozent. Den Kassen der westdeutschen Finanzbranche, der Konsumgüterhersteller und Händler brachte sie Rekordumsätze und -gewinne: Banken, Versicherungen, Automobil- und Elektrokonzerne, große Handels- und Versandhäuser ebenso wie kleine Obst- oder Gebrauchtwagenhändler – sie alle profitierten von der Explosion der so lange aufgestauten Konsumnachfrage der ostdeutschen Verbraucher.

Mit den dafür zu deckenden Kosten und den volkswirtschaftlichen Folgen sowohl für Gesamt- als auch besonders für Ostdeutschland aber hatten sich bestimmte Polit- und Wirtschaftsmanager gewaltig vertan. Aus den 50 bis 100 Milliarden Mark, die anfänglichen Schätzungen zufolge jährlich als staatliche Transferzahlung von West nach Ost fließen sollten, wurden bereits 1991 über 150 und 1992 fast 200 Milliarden Mark. Auch für die Jahre bis 1997 rechnen die Konjunkturforscher heute mit durchschnittlichen Zahlungen von jährlich 175 Milliarden Mark.

Finanzieren ließen sich diese gewaltigen Beträge nur über eine immense Aufstockung des staatlichen Schuldenbergs. Seit die Summe der öffentlichen Schulden von Bund, Ländern und Gemeinden 1990 erstmals die Billionengrenze überschritten hat, wächst sie Jahr für Jahr um über 200 Milliarden Mark an. Zwar soll die Neuverschuldung ab 1995 durch Steuererhöhungen schrittweise auf unter 100 Milliarden gedrückt werden. Die fälligen Zinsen jedoch werden weiter steigen – von 100 Milliarden Mark 1993 auf 170 Milliarden im Jahr 1997.

Noch gravierendere Fehleinschätzungen gab es jedoch, was die Folgen für die ostdeutsche Wirtschaft, insbesondere die Industrie, betrifft. Denn die industrielle Struktur der ehemaligen DDR – einst als zehntstärkste Industrienation der Welt eingeschätzt – entpuppte sich bald als ein Geflecht maroder, produktionstechnisch völlig veralteter

Treuhandanstalt

Die Treuhandanstalt (THA), im März 1990 von der Regierung der damals noch bestehenden DDR gegründet, hat nach dem Treuhandgesetz als Anstalt des öffentlichen Rechts die Aufgabe, das ehemals volkseigene Vermögen im Osten Deutschlands nach den Grundsätzen der sozialen Marktwirtschaft zu reorganisieren und zu privatisieren. Ihr operatives Geschäft hat die zu Beginn »größte Unternehmensholding der Welt« inzwischen weitgehend abgeschlossen: Von ursprünglich über 12.000 Unternehmen wurden bis Ende 1993 etwa 6.000 privatisiert, 1.500 reprivatisiert (d.h. an die enteigneten Alteigentümer zurückgegeben), 260 in kommunalen Besitz überführt und 3.200 liquidiert. Verkaufserlösen von 45 Milliarden Mark stehen dabei angefallene Sanierungskosten von rund 400 Milliarden Mark und Investitionszusagen von weiteren 184 Milliarden Mark gegenüber, die aus dem Staatshaushalt finanziert werden müssen. Die für die Verwaltung und (Re)Privatisierung von Grundstücken und Immobilien zuständige Treuhandliegenschaftsgesellschaft (TLG) wird über das geplante Auflösungsdatum der THA zum Jahresende 1994 hinaus weiterbestehen. Die Bundesregierung plant, sie als Ganzes zu privatisieren. Die Möglichkeit einer Börseneinführung wird geprüft.

und absurd unwirtschaftlich geführter Unternehmen, die im rauhen Wind der Marktwirtschaft weder auf dem deutschen noch auf dem Weltmarkt konkurrenzfähig waren. Die neuen Länder brachten der (west)deutschen Wirtschaft keineswegs neue Märkte, sondern nur gigantische Kosten: Die Abnehmerländer im Osten Europas sowie in Asien, Afrika und Lateinamerika machten die abrupte

Umstellung auf die Zahlung in D-Mark nicht mit, im Westen gab es für die veraltete Produktpalette keine Abnehmer.

Die Folge war nun ein totaler Zusammenbruch der Industrieproduktion, wie er in Westdeutschland direkt nach dem Weltkrieg zu beobachten gewesen war: Vom Ausstoß der ostdeutschen Industrie aus dem Jahr 1988 waren 1993 gerade einmal 30 Prozent übriggeblieben. Tausende von Unternehmen wurden im Zuge der Abwicklung von der *Treuhandanstalt (THA)*, die 1990 als staatliche Auffanggesellschaft alle 12.000 ehemals volkseigenen Betriebe (VEB) der DDR übernommen hatte, ganz liquidiert, weitere Tausende in kleine Einheiten zerlegt oder drastisch »gesundgeschrumpft«.

Die Zahl der Arbeitsplätze wurde dabei gewaltig verringert, jene der Industriearbeiter erreichte zum Jahresbeginn 1994 mit rund 700.000 nicht einmal mehr ein Viertel des Standes vor dem Fall der Mauer. Von den verbliebenen 6,5 Millionen Arbeitsplätzen in Ostdeutschland (nach 8,5 Millionen noch im zweiten Halbjahr 1990) wäre ein Großteil ohne staatliche Stützungsmaßnahmen nicht zu finanzieren. Einen weiteren Abbau von nochmals zwei Prozent im Verlauf des Jahres 1994 hielten die Experten des Sachverständigenrats im voraus für wahrscheinlich. Um zumindest einen Teil der Arbeitsplätze in einigen der einst bedeutendsten Unternehmen zu erhalten, beschlossen die Regierungen des Bundes und der Länder 1993, mehrere sogenannte *industrielle Kerne* unter besonderen Schutz zu stellen.

Tatsächlich hat die Wiedervereinigung der beiden deutschen Staaten die Rolle und die Position der Bundesrepublik in der internationalen Wirtschaftsordnung einschneidend verändert – aber ganz anders, als in der Anfangseuphorie gedacht. Die »freundliche Übernahme« des Juniorpartners DDR hat sich – zumindest in den Augen der oben erwähnten Börsianer – für die »Deutschland AG« bislang als eindeutiger Flop erwiesen: Die Außenumsätze (sprich: Ausfuhren) sind seit 1990 nur unwesentlich gestiegen – und 1993 mit 600 Milliarden Mark gar auf den Stand von vor 1989 zurückgefallen. Der

Industrielle Kerne

Seit der deutschen Wiedervereinigung sind die einst führenden Industriebranchen Ostdeutschlands – der Maschinenbau, die Elektro- und Chemieindustrie, die Textil- und Ernährungsbranche – einem Auflösungsprozeß gigantischen Ausmaßes unterworfen. Über 3.000 Betriebe wurden geschlossen, viele weitere in kleine Einheiten zerbrochen, die Zahl der Arbeitskräfte wurde radikal reduziert: Von den einst über zwei Millionen Arbeitskräften in der Industrie waren Anfang 1994 nur 700.000 übriggeblieben. Um die völlige De-Industrialisierung der ostdeutschen Bundesländer zu verhindern, haben Bundesregierung und Länderregierungen 1993 gemeinsam mit der Treuhandanstalt Branchen und Standorte wie die Stahlerzeugung in Eisenhüttenstadt und Magdeburg, die Werftindustrie an der Ostseeküste oder die Chemieindustrie rings um Bitterfeld als »industrielle Kerne« definiert, die es um (fast) jeden Preis zu erhalten gilt. Dies soll auf zwei Wegen gewährleistet werden:

- Übernahmewillige westliche Konzerne müssen beim Kauf des Unternehmens der Treuhand eine Bestandsgarantie leisten.
- Industrielle Kernbetriebe, für die sich kein Käufer findet, verbleiben bis auf weiteres unter der Regie der Treuhand beziehungsweise deren Rechtsnachfolger und werden auf Kosten der Staatskasse saniert.

deutsche Anteil am Welthandel ist von 12,5 (1990) auf 10,7 Prozent gefallen – und wird seine Talfahrt weiter fortsetzen. Die deutsche Leistungsbilanz, also die Gesamtheit der Ausgaben und Einnahmen im Waren- und Dienstleistungsaustausch mit dem Ausland, ist seit 1991 negativ: Der einstige Kapital-Großexporteur Bundesrepublik ist heute auf ausländische Kredite angewiesen, um seinen sprunghaft gestiegenen Finanzbedarf zu decken.

2. Die Erfolgsfaktoren

Politische und wirtschaftliche Rahmenstabilität

Jenseits aller konjunkturellen Einflüsse und tarifpolitischen Entscheidungen hat ein grundlegender Faktor die fast fünfzigjährige, nahezu ungebrochen anhaltende Erfolgsgeschichte des Wirtschaftsstandorts Bundesrepublik erst ermöglicht: der stabile rechtliche, politische und wirtschaftliche Ordnungsrahmen, den die Männer und Frauen, die nach dem Krieg unter den wachsamen Augen der Alliierten die politische Verantwortung übernahmen, für das zerstörte Land in der Währungsreform von 1948 und im Grundgesetz von 1949 schufen.

Währung: »D-Mark über alles«

Daß dabei die Einführung einer neuen, von den Inflationswirren der Kriegsjahre unberührten Währung der Staatsgründung zeitlich vorangesetzt war, ist durchaus kein Zufall. Auch wenn die Modalitäten der radikalen Umstellung (die alte Reichsmark wurde in drei Schritten im Verhältnis 100 : 5, später 100 : 6,5 in die neue »D-Mark« umgerechnet, wobei jeder Einwohner aber zunächst nur einen Sockelbetrag von 60 Mark erhielt) vielen nicht paßten, so setzte man doch so viel Vertrauen in die neue Währung, daß Warenbesitzer und Händler sie tatsächlich als reales Zahlungsmittel akzeptierten. Die reine Tauschwirtschaft der ersten Nachkriegsjahre mit Naturalien und

Wertgegenständen wurde durch die neue Währung schon sehr bald vollständig verdrängt – ein Vorgang, der für den Aufbau einer produktiven Arbeits- und Wirtschaftsweise in einem industrialisierten Land Voraussetzung ist.

Von Beginn an stand in der Bundesrepublik, wo man die fatale politische und gesellschaftliche Wirkung einer unkontrollierten Geldentwertung binnen weniger Jahrzehnte zweimal am eigenen Leib erfahren hatte, die Erhaltung der Geldwertstabilität ganz oben in der Wertskala der politisch-wirtschaftlichen Ziele. Sie gehört als integraler Bestandteil des »magischen Vierecks« (wirtschaftliches Wachstum, Vollbeschäftigung, außenwirtschaftliches Gleichgewicht und eben Preis- beziehungsweise Geldwertstabilität) zu den Basis-Zielelementen des Systems der sozialen Marktwirtschaft, das bis heute das Leitmodell der deutschen Wirtschaftsordnung darstellt. Die Stabilität der Mark zu bewahren, ist seither nicht nur oberste Aufgabe der in Frankfurt ansässigen Deutschen Bundesbank: Dies war auch erklärtes Ziel aller bisherigen Bundesregierungen – und ebenso fraglos aller anderen Gruppierungen, die das wirtschaftliche, gesellschaftliche und politische Geschehen in der Bundesrepublik geprägt haben.

Die Mark wurde zum Ausgangspunkt des wirtschaftlichen Aufschwungs – und trotz des gewaltigen Anschwellens der Geldmenge seit ihrer Einführung ist sie es stets geblieben. Die vergleichsweise mäßigen Inflationsraten in der Bundesrepublik, die bisher nie zweistellige Werte erreichten, signalisierten Unternehmern und Verbrauchern im Inland wie auch den Wirtschaftspartnern im Ausland jederzeit hohe Berechenbarkeit im Investitions- und Konsumverhalten. Der Investitions- und Produktionsstandort Bundesrepublik war nie mit Währungsunsicherheit verbunden. Vornehmlich in den achtziger Jahren wurde die Mark zur Leitgröße im Europäischen Währungsverbund – und zum wichtigsten Einzelelement im »Währungskorb« der neu geschaffenen Europäischen Währungseinheit (ECU).

Selbst in der aktuellen Situation, wo es vielen Experten als verlockend erscheint, die gravierenden Schuldenprobleme der öffentlichen Haushalte über eine inflationäre Ausweitung der Geldmenge zu lösen, wagt dies in der öffentlichen Diskussion niemand laut zu fordern. Der Leitsatz: »Stabilitätspolitik ist gleichzeitig die beste Wirtschafts- und Sozialpolitik« ist tief im Bewußtsein der deutschen Bevölkerung verankert – so tief, daß ein offener Verstoß dagegen einem politischen Selbstmord gleichkommt. Freilich wirken Geldwertstabilität und Ausweitung der Investitionen, für sich genommen durchaus erstrebenswerte Ziele, einander schon ihrer Natur nach entgegen.

Politik und Gesellschaft: Konsens statt Konfrontation

Allen wirtschaftlich erfolgreichen Nationen der Nachkriegszeit, von den USA über Japan bis hin zu den führenden Staaten Westeuropas und der OECD, ist eines gemeinsam: Sie waren in dieser Zeit nie direkt von Kriegen betroffen – und ihre politische Ordnung, ob als parlamentarische Demokratie oder anders strukturiert, war nicht von extremen gesellschaftlichen Spannungen gekennzeichnet oder gar vom Zusammenbruch des politischen, rechtlichen und wirtschaftlichen Systems bedroht. Wo immer hingegen derlei Unwägbarkeiten bestanden, so lehrt die Erfahrung in Asien, Afrika und Lateinamerika, ja sogar in den EG-Staaten Portugal oder Griechenland, half auch die entgegenkommendste Ansiedlungs- und die konsequenteste Wirtschaftspolitik nichts: Die wirtschaftlichen Erfolge blieben, wenn sie sich überhaupt einstellten, kurzlebig und unbeständig. Für die Bundesrepublik wurde der offene, auf persönliche Entfaltungsfreiheit bei gleichzeitiger gesellschaftlich-politischer Kontrolle unter Wahrung pluralistischer Vielfalt und sozialer Verantwortung angelegte Ordnungsrahmen, den sich der Nachfolgestaat der Hitler-Diktatur im Grundgesetz gegeben hatte, zu einem zweiten Schlüssel zum Erfolg. Die Umstellung auf demokratische Entscheidungsprozesse, die viele Skeptiker im In- und Ausland den Deutschen nicht zugetraut hatten, gelang mit den Jahren immer besser: Fundamentale politische Kontroversen wie der Streit um die Wiederbewaffnung, die Studentenunruhen von 1968 oder der Kampf der Anti-Atom-Bewegung gegen die militärische und die friedliche Nutzung der Kernenergie wurden innerhalb und außerhalb der Parlamente zwar mit Leidenschaft, aber weitgehend ohne Gewalt oder gar Blutvergießen ausgetragen. Ernsthafte Unsicherheit über die Stetigkeit des politischen und wirtschaftlichen Kurses gab es weder beim Eintritt der Sozialdemokraten in die Regierung noch durch die Wahlerfolge der Grünen in den achtziger Jahren – selbst wenn immer wieder versucht wurde, diesen Anschein zu erwecken.

In den Streitigkeiten um die grundlegenden Bedingungen der Arbeitswelt und ihrer Austragung zwischen den Organisationen von Arbeitnehmern und Arbeitgebern wurde die Bundesrepublik schon in den fünfziger Jahren zum internationalen Modellfall für einvernehmliche Lösungen. Auf Konfrontation angelegte Arbeitskampfmaßnahmen bildeten selbst in Jahren harter Kontroversen eher die Ausnahme als die Regel – im Unterschied zu europäischen Nachbarstaaten wie Frankreich, Italien oder Großbritannien, wo die Verteilungskämpfe um den zunehmenden gesellschaftlichen Wohlstand mit wesentlich härteren Bandagen ausgetragen wurden.

Westdeutschlands Gewerkschaften hingegen hielten sich mit ihren Lohn- und Gehaltsforderungen so weit zurück, daß die Verhandlungen mit den Arbeitgebern meist auch ohne Streiks, Aussperrungen oder gar staatliches Einschreiten zum Erfolg und damit zu für beide Seiten verbindlichen tariflichen Vereinbarungen führten.

Ihren deutlichsten Ausdruck fand die Bereitschaft zum Konsens in der »konzertierten Aktion« der späten sechziger und frühen siebziger Jahre: Damals gelang es Wirtschaftsminister Karl Schiller, die wichtigsten Vertreter von Arbeitnehmern und Arbeitgebern zu regelmäßigen Konsultationen an einen Tisch zu bringen, um mögliche Streitpunkte schon vorab im Gespräch zu klären und die Interessen beider Seiten in Einklang zu bringen, ehe es überhaupt zur Kontroverse kommen konnte. Einer der Gründe hierfür war sicherlich, daß die im Grundgesetz verankerte *Tarifautonomie* den Tarifparteien einen faktischen Zwang zum Erfolg auferlegte.

Die Arbeitgeber honorierten das Wohlverhalten lange

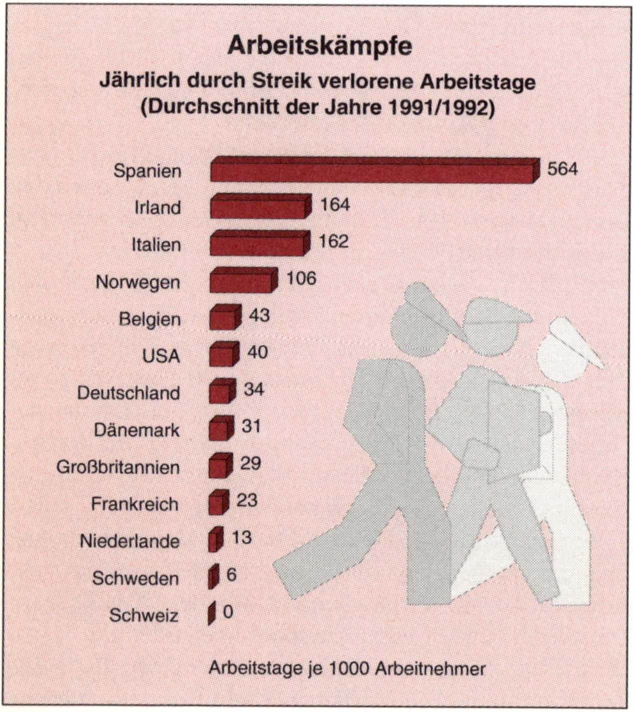

Tarifautonomie

Als prägendes Merkmal des Arbeitgeber-Arbeitnehmer-Verhältnisses ist die Tarifautonomie eine wesentliche Eigenschaft des Standorts Deutschland. Der Begriff bezeichnet die im Grundgesetz verankerte Eigenständigkeit der Tarifpartner (Art. 9 Abs. 3 GG), also der Arbeitgeber- und der Arbeitnehmerverbände, bei Abschluß und Kündigung von Tarifverträgen. Die Tarifautonomie der Sozialpartner ist an die Verfassung und die Grundsätze des Arbeitsrechts gebunden. Im Gegensatz zu den Wirtschaftsordnungen zahlreicher anderer Länder hat der Staat dabei auch im Falle scharfer Arbeitskämpfe keine Möglichkeit, in die Tarifgestaltung bestimmend einzugreifen.

Zeit mit einer hohen Wertschätzung der Gewerkschaften und ihrer Führung sowie mit der klaglosen Hinnahme vieler arbeitsrechtlicher Sonderbestimmungen, wie sie nur in der Bundesrepublik anzutreffen sind; erst das Ende der konzertierten Aktion im Jahre 1977 verhärtete die Fronten nachhaltig. Auch den Ausbau der sozialen Sicherungssysteme weit über das in den meisten Konkurrenzländern übliche Maß hinaus blockierten die Arbeitgeberorganisationen und ihre politischen Vertreter in den konservativen und liberalen Parteien nicht grundsätzlich. Der verläßliche Arbeitsfrieden wurde zu einem zentralen Pluspunkt für den Produktions- und Investitionsstandort Deutschland. In der Anzahl der Streiktage pro Jahr liegt die Bundesrepublik noch heute ganz am Ende der europäischen Skala.

Vielfalt der Branchen- und Betriebsstrukturen

Angeregt durch die kräftigen Finanzspritzen aus den US-Förderprogrammen, entwickelte sich in der Bundesrepu-

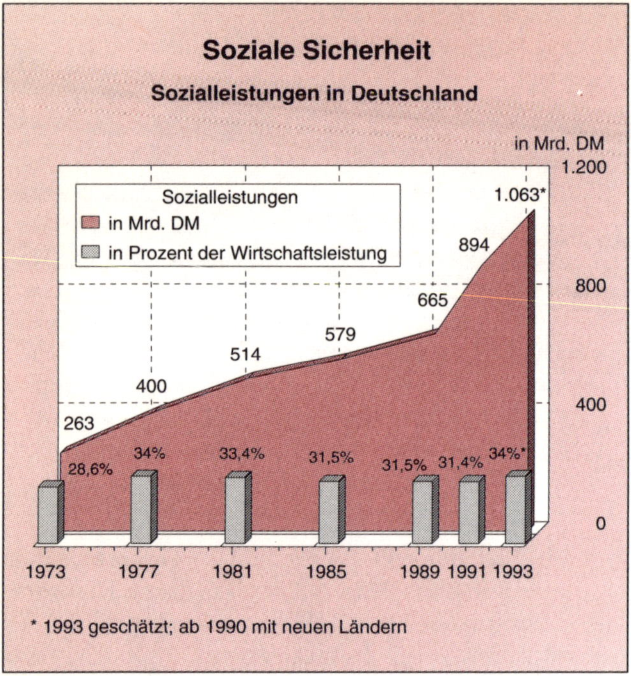

blik schon bald nach ihrer Gründung eine breite Palette von Unternehmen unterschiedlicher Branchen und Größen. Schon während der fünfziger Jahre verdichteten sie sich zu einer ausgewogenen Wirtschaftsstruktur mit stark mittelständischer Prägung. Besonders in allen wesentlichen Bereichen der industriellen Produktion ging es steil bergauf: Von den über zehn Millionen Menschen, die in der frühen Nachkriegszeit noch ihr Brot in der Landwirtschaft verdienten, wechselten innerhalb von zehn Jahren die meisten in vorzugsweise gewerbliche, aber auch in dienstleistende Berufe über.

Da allgemein eine starke Leistungsbereitschaft und eine Menge Know-how, aber nur noch wenige alte Produktionsstätten vorhanden waren, taten die amerikanischen Investitionen gleich doppelte Wirkung: Sie sorgten nicht nur für eine Ankurbelung der Produktion und der Lohnarbeit, sondern erzwangen – gekoppelt an die Zusage, nur neue amerikanische Erzeugnisse zu kaufen – gleichzeitig den Aufbau hochmoderner Produktionsstätten. In der Qualität ihrer technischen Ausrüstung waren die Unternehmen des produzierenden Gewerbes in der Bundesrepublik den europäischen Konkurrenten schon Ende der fünfziger Jahre weit voraus.

Die Branchen eben dieses produzierenden Gewerbes, des »sekundären Sektors« der Volkswirtschaft, waren es auch, die ab 1950 zu den Trägern des rasanten wirtschaftlichen Wachstums, der Wertschöpfung und des Beschäftigungsbooms wurden. Zu den führenden Branchen entwickelten sich bis 1970:

1. das Metallgewerbe (4 Millionen Beschäftigte)
2. das Baugewerbe (2,1 Millionen)
3. die Chemieindustrie (1,5 Millionen)
4. die Elektrotechnik und Feinmechanik (1,4 Millionen)
5. die Textil und Lederwarenindustrie (1,2 Millionen)
6. die Holz-, Papier- und Druckindustrie (1 Million)
7. die Nahrungsmittelindustrie (0,9 Millionen)
8. der Bergbau (0,3 Millionen)

Vor allem auf die führenden vier Branchen verteilte sich der Zuwachs an Arbeitskräften im sekundären Sektor, der die Anzahl der gewerblichen Arbeitsplätze in jenen 20 Jahren von 8,7 Millionen (1950) auf 12,7 Millionen (1970) ansteigen ließ. Besonders das Metallgewerbe und die Elektrotechnik nebst Feinmechanik schoben sich mit Wachstumsraten von 48 beziehungsweise 23 Prozent immer weiter nach vorn, während die Textilbranche und der Bergbau sichtlich an Bedeutung verloren: Gegenüber 1950 hatten sie bereits Rückgänge von jeweils rund 300.000 Arbeitsplätzen zu verzeichnen.

Die Grundzüge der Entwicklung in diesen 20 Jahren

spiegeln sich im Vergleich der größten Wirtschaftsgruppen des produzierenden Gewerbes bis heute wider. 1992 lautete die Reihenfolge:

1. Maschinenbau (= Metall): 1,3 Millionen Beschäftigte
2. Elektrotechnik: 1,1 Millionen
3. Straßenfahrzeugbau (= Metall): 0,9 Millionen
4. Chemie: 0,6 Millionen
5. Nahrungsmittelgewerbe: 0,5 Millionen

Die Gesamtzahl der im produzierenden Gewerbe Tätigen allerdings ist seit 1970 auf fast die Hälfte zusammengeschmolzen.

Nach der Entlassungswelle des Jahres 1993 lag sie gerade noch bei 7,2 Millionen – trotz des Zuwachses aus den neuen Bundesländern, wo die »Strukturanpassung« nach dem Fall der Mauer allerdings drei Viertel der gewerblichen Arbeitsplätze vernichtete.

Die Industriezweige, in denen die bundesdeutsche Wirtschaft ihre größten Wachstumserfolge erzielte, waren auch international gesehen die wichtigsten Träger von Wertschöpfung und Handelsumsatz. Die deutschen Unternehmen konnten in allen Wachstumsbranchen der Aufbauzeit nicht nur mit dem Tempo des Weltmarkts mithalten, sondern lagen in Produktion und Absatz deutlich über dessen Zuwachsraten. Und das galt nicht nur für die Großkonzerne wie VW, Daimler-Benz und Opel (Automobil), Siemens und Bosch (Elektrotechnik) sowie die drei Chemie-Riesen Bayer, Hoechst und BASF, die sich in ihren jeweiligen Branchen sowohl technologisch als auch vom Umsatz her fest in der Spitze der internationalen Rangordnung etablierten. Es galt ebenso für eine Vielzahl kleiner und mittelständischer Maschinenbau-, Feinwerktechnik- und Textilbetriebe, die in der deutschen Wirtschaftsstruktur eine weit größere und aktivere Rolle spielten als in den meisten Konkurrenzländern.

Schon in den Jahrzehnten vor dem Zweiten Weltkrieg hatte Deutschland zu den technologisch führenden Ländern Europas, ja der Welt gezählt. Nur die USA hatten mehr Nobelpreisträger hervorgebracht, mehr internationale Patente angemeldet und in den zukunftsweisenden Branchen wie dem Fahrzeug- und Flugzeugbau, der Elektro- und Nachrichtentechnik und der chemischen Industrie mit dem deutschen Entwicklungs- und Produktionstempo Schritt zu halten vermocht.

Die Kriegsjahre hatten allerdings nicht nur die Zerstörung der meisten Produktionsstätten, sondern auch einen gewaltigen personellen Aderlaß bewirkt. Hunderttausende deutscher Wissenschaftler, Ingenieure und Fachkräfte waren gefallen, viele der brillantesten Köpfe der deutschen Forschung schon zwischen 1933 und 1939 vor dem Rassenwahn und der Willkürherrschaft der Nationalsozialisten geflohen und vornehmlich in die USA, aber auch nach Großbritannien und Kanada ausgewandert. Die meisten von ihnen blieben auch nach Ende des Krieges in der neuen Heimat; nur wenige gingen den Weg zurück.

Dennoch fand die Wirtschaft der Bundesrepublik in Forschung und Entwicklung ebenso wie in der industriellen Produktion nach Kriegsende überraschend schnell wieder Anschluß an die technologische Weltspitze. Es zahlte sich aus, daß schon seit der Kaiserzeit die Schulpflicht in Deutschland die gesamte Bevölkerung erfaßt und gerade auf der Vermittlung von naturwissenschaftlichem und technischem Wissen stets das besondere Augenmerk des staatlichen Bildungssystems gelegen hatte. Selbst in den Kriegsjahren war die Basis technischen und wirtschaftlichen Wissens in den Schulen und Universitäten erhalten geblieben.

Das sicherte den Erfolg in der Boom-Phase der fünfziger und frühen sechziger Jahre. Die Unzulänglichkeiten veralteter und zumeist schwer beschädigter Produktionsausrüstungen forderten die Tüftler-Leidenschaft deutscher Mechaniker, Elektriker und Chemiker heraus, und die aus den USA eingeführten modernen Maschinen begeisterten Techniker aller Art. Das Interesse der deutschen Arbeitnehmer an den neuesten Fertigungsgeräten und ihre Bereitschaft zu ständiger Weiterbildung überraschten ein ums andere Mal die amerikanischen Lieferanten und die Ausbilder: Ein derartiges Verhalten waren sie weder in ihren heimischen Betrieben noch von anderen europäischen Ländern her gewohnt.

Die Modernisierung des Produktionsapparats der deutschen Industrie und ihres Produktangebots machte so rasche Fortschritte, daß schon 1960 der Selbstversorgungsgrad der Bundesrepublik mit Fertigwaren auf über 80 Prozent geklettert war. Mehr noch: Gerade in dieser Produktgruppe wurden bereits ein Exportumsatz von 40 und ein Exportüberschuß von über 20 Milliarden Mark erzielt. Die Nachfrage nach den hochwertigen deutschen Industriegütern, vornehmlich aus Westeuropa und den USA, blieb ungebrochen: Bis 1971 hatte sich das Exportvolumen an Fertigwaren auf 115 Milliarden Mark verdreifacht, der Überschuß belief sich auf über 50 Milliarden. Ein knappes Drittel der gesamten Industrieproduktion ging Mitte der siebziger Jahre ins Ausland – davon über die Hälfte in die neun Länder der Europäischen Wirtschaftsgemeinschaft (EWG) und fünf Prozent an die Länder des osteuropäischen Rates für gegenseitige Wirtschaftshilfe (COMECON). Die führenden Exportbranchen waren der Maschinen- und Anlagenbau, der Fahrzeugbau, die Elektrotechnik und die Chemie.

Insbesondere drei Eigenschaften waren es, die die Erzeugnisse aus der Bundesrepublik bei den ausländischen Abnehmern langlebiger Konsum- und Investitionsgüter so beliebt machten und dem international bekannten Gütesiegel »Made in Germany« über Jahrzehnte hinweg seine Strahlkraft verliehen:

- der hohe technologische Entwicklungsstand der Produkte,
- die verläßliche Qualität der Produktausführung,
- die Pünktlichkeit der Auslieferung.

Zu Qualität, Präzision und Liefertreue kam für viele Kunden im Ausland wie im Inland noch ein weiterer wesentlicher Aspekt hinzu: Deutsche Lieferanten boten nicht selten eine wesentlich bessere Nachbetreuung gerade komplexer und teurer Investitionsgüter als die Konkurrenten aus anderen Ländern. Maschinenbauer, Kraftwerksingenieure und Servicetechniker interessierten sich auch nach dem Verkauf noch für ihre Produkte – und sie waren schnell und mit Engagement zur Stelle, wenn tatsächlich einmal etwas nicht stimmte. Billig war das nicht – aber die Vorzüge der deutschen Waren glichen für in- wie ausländische Abnehmer die oft beachtlichen Mehrkosten aus.

Arbeitskosten und Produktivität

Ein billiger Standort mit niedrigen Löhnen und sonstigen Produktionskosten war die Bundesrepublik Deutschland nie. Allenfalls in den allerersten Aufbaujahren, als Arbeitsplätze noch Mangelware, die Gewerkschaften schwach und zudem mit Rücksicht auf die labile Situation äußerst zurückhaltend in ihren Lohnforderungen waren, kamen bundesdeutsche Unternehmer in den Genuß von Lohn- und (noch kaum ins Gewicht fallenden) Lohnnebenkosten, die niedriger lagen als die der Konkurrenten aus anderen Industrieländern.

Damit allerdings war es schon sehr bald vorbei: Seit den Jahren der Vollbeschäftigung zu Beginn der sechziger Jahre hat wohl kein deutscher Unternehmer mehr einen Kunden deshalb für sein Produkt oder seine Dienstleistung gewonnen, weil er es aufgrund niedriger Arbeitskosten preislich billiger anbieten konnte als ein ausländischer Wettbewerber. Denn die deutschen Löhne und Gehälter liegen schon seit über 30 Jahren zumindest gleichauf mit denen in den Ländern, die als Hauptkonkurrenten auf dem Weltmarkt auftreten. Rechnet man insbesondere die Lohnnebenkosten (von den Unternehmern teils freiwillig gewährte, teils aber auch durch die Sozialgesetze vorgeschriebene Zusatzleistungen) in die ausschlaggebende Größe der »gesamten Arbeitskosten« ein, so liegt die Bundesrepublik mit einem durchschnittlichen Brutto-Stundenlohn von 42 Mark heute weltweit an der Spitze aller Industrieländer.

Dafür konnten in- wie ausländische Unternehmer am Standort Bundesrepublik von Beginn an mit anderen Vorteilen rechnen, die sich aus der besonderen Beschaffenheit des deutschen Arbeitskräfteangebots ergaben:

- einem hohen Qualifikationsniveau, resultierend aus einer fundierten schulischen, beruflichen und/oder akademischen Ausbildung, quer durch alle Bevölkerungsschichten und Anforderungsprofile,
- einer enormen Leistungsbereitschaft,
- einem ausgeprägten Verantwortungsgefühl für die Resultate der eigenen Tätigkeit.

In Kombination mit dem rasch zunehmenden Einsatz moderner Maschinen, Automatisierungstechniken und Organisationsformen ergab sich daraus ein rascher Anstieg der *Arbeitsproduktivität*, der sich schon bald als meßbarer Produktivitätsvorsprung in den Unternehmensbilanzen niederschlug.

Deutsche Arbeitskräfte verdienten zwar schon ab 1960 nominal mehr als ihre Kollegen in Frankreich, England oder Japan. Aber sie brauchten eben auch viel weniger Zeit dazu, ein Werkstück zu feilen, eine Diode zu produ-

Arbeitsproduktivität

Das Verhältnis zwischen Sozialprodukt und der dafür aufgewendeten Arbeitszeit (oder auch der daran beteiligten Beschäftigten) wird als Arbeitsproduktivität bezeichnet. Die Produktivität je Arbeitsstunde oder je Beschäftigtem, die sich so errechnet, gibt unabhängig von der Größe der betrachteten wirtschaftlichen Einheit (etwa eines Landes oder des durchschnittlichen Industriearbeiters) Aufschluß über ihre tatsächliche Leistungsfähigkeit. Die Produktivität der deutschen Wirtschaft, jahrzehntelang zu den besten aller nationalen Volkswirtschaften zählend, wird allgemein als einer der Hauptgründe für ihren enormen Erfolg angesehen.

zieren oder ein Auto zusammenzubauen – und sie produzierten weniger Ausschuß.

Der relative Zuwachs an Produktivität, definiert als Wertschöpfung je Beschäftigten, wurde neben dem technologischen Fortschritt und der Produktqualität zur eigentlichen Wunderwaffe des Standorts Deutschland im internationalen Wettbewerb. Dieser Zuwachs erstreckte sich nicht nur auf die Industrieproduktion, sondern machte quer durch alle Branchen und Wirtschaftsbereiche weder vor der Landwirtschaft noch dem Baugewerbe oder der Textilbranche halt. Allerdings ließen sich von Branche zu Branche deutliche Unterschiede messen: So lag der Produktivitätszuwachs zwischen 1950 und 1970 in der Landwirtschaft bei 170, im Bergbau bei 220, in den Metallbranchen bei 300 und in der Chemieindustrie bei 350 Prozent. Das heißt: Ein Metallarbeiter produzierte 1970 in seiner (gegenüber 1950 bereits verkürzten) täglichen Arbeitszeit nicht notwendigerweise die dreifache Menge an Gütern – aber solche, die den dreifachen Wert dessen darstellten, was er noch vor 20 Jahren an einem Tag erarbeitet hatte.

Der Preis, der sich – aufgrund etwa der Knappheit oder besonderer Qualitätsmerkmale – aus einer bestimmten Art von Waren erzielen läßt, ist also ein wesentlicher Bestandteil der Formel, nach der sich der Produktivitätsfortschritt berechnet. Hierin liegt ein Hauptgrund dafür, warum sich die deutsche Wirtschaft in ihrer industriellen Blütezeit eines im internationalen Vergleich so hohen Produktivitätszuwachswerts erfreuen konnte: Sie präsentierte sich genau in jenen Branchen, in denen die höchsten Preise zu erzielen waren, besonders stark.

In den Schwingungen des dritten und vierten »Kondratieffs«, der langwelligen Konjunkturzyklen, in die der russische Sozialwissenschaftler Nikolaj D. Kondratieff 1926 die Abschnitte der Wirtschaftsentwicklung seit der Industrialisierung unterteilt hatte, schwamm die deutsche Wirtschaft stets ganz obenauf. Der Standort Deutschland mit seiner starken Position in den bestimmenden Technologien, seiner alle wesentlichen Wertschöpfungsbereiche umfassenden Wirtschaftsstruktur, seiner vom Industriearbeiter bis zum Hochschullehrer gut ausgebildeten und hochqualifizierten Arbeitsbevölkerung, seiner hervorragend ausgebauten verkehrs- und kommunikationstechnischen Infrastruktur und seinem hohen Maß an Sicherheit und Stabilität im politischen wie im Erwerbsleben bot dafür jahrzehntelang beste Voraussetzungen.

V. Krisensymptome und Standortprobleme

Gefährliche Risse im intakt scheinenden Gefüge allerdings zeigen sich nicht erst, seit sich mit der Eingliederung der östlichen Bundesländer die Eckpfeiler des politischen und wirtschaftlichen Gesamtgefüges in der Bundesrepublik fundamental verändert haben. Das Auslaufen der vierten Kondratieff-Schwingung hat das Ende des industriellen Zeitalters mit seinen herkömmlichen

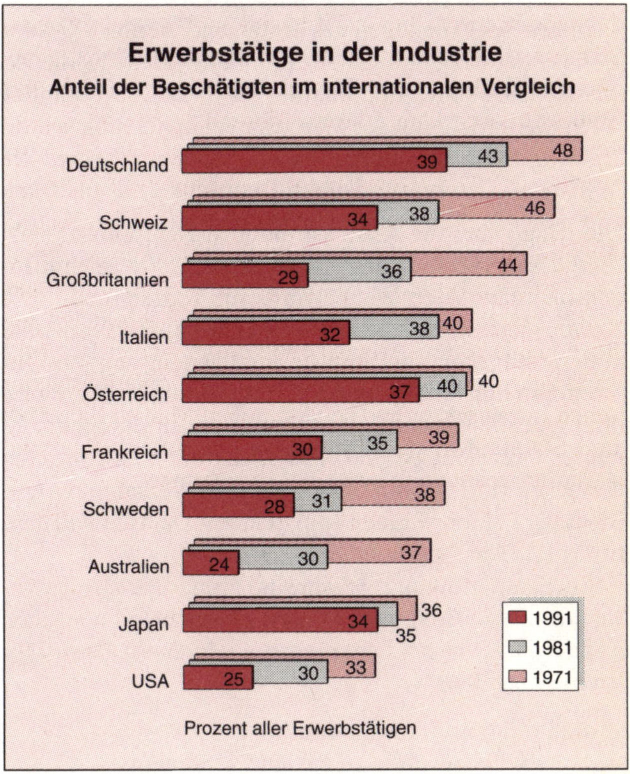

Produktionsstrukturen, seinen bekannten Spielregeln und seiner festgefügten Rangordnung eingeleitet. Gesellschaft, Politik und Wirtschaft in Deutschland, die gemeinsam die Grundbedingungen des Wirtschaftsstandorts Deutschland formen müssen, zeigen erhebliche Schwierigkeiten, sich auf die veränderten Gegebenheiten und Anforderungen einzustellen.

Wo diese Probleme liegen, soll im folgenden aufgezeigt werden. Dabei sind Sorgfalt und Vorsicht geboten: In der Standortdiskussion wimmelt es von Indikatoren und Faktoren, von Statistiken, abgeleiteten Aussagen und als objektive Kriterien verschleierten Wertungen. Viele davon haben in bezug auf Zustand und Perspektiven des Standorts Deutschland ihren Wert und ihre Berechtigung; manche sind an den Haaren herbeigezogen, andere schlicht unbrauchbar oder irreführend.

1. Das Kostenproblem

Die Klage über die Kostenstruktur in Deutschland steht für die Unternehmen angesichts des an Härte zunehmenden internationalen Wettbewerbs im Vordergrund. »Die Kosten müssen runter!« lautet die gemeinsame Forderung von Arbeitgeber- und Industrieverbänden, von Wissenschaftlern und der Bundesregierung. Besonders hart wird die Kostendiskussion in den Unternehmen des produzierenden Gewerbes geführt: Für sie ist mit dem Auftreten der neuen Billiglohn-Konkurrenz in den Ländern Osteuropas der Faktor »Kosten« am Standort Deutschland heute das Problem Nummer eins.

Als Standortfaktor relevant sind grundsätzlich alle Kosten, die spezifisch am Standort Deutschland entstehen und die Gewinne der Unternehmen schmälern. Dazu zählen insbesondere

- die Produktionskosten und
- die auf die Gewinne zu zahlenden Steuern.

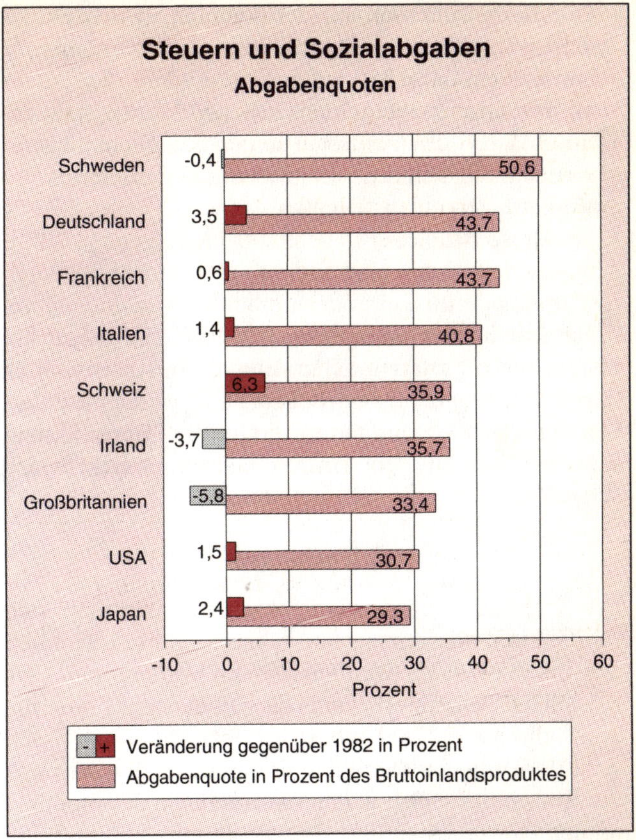

Die Kritik an der gegenwärtigen Situation in Deutschland führt dabei drei Hauptargumente an:

– Die Gesamthöhe der Kostenbelastung durch Steuern, Abgaben und Produktions- (insbesondere Arbeits)-kosten ist im internationalen Vergleich zu hoch – und zwar schon seit langem. Sie benachteiligt die in Deutschland tätigen Unternehmen gegenüber denen in den Hauptkonkurrenzländern in gefährlicher Weise.

- Die Kostensituation hat sich gerade in den letzten Jahren sogar noch verschlimmert (Binnenveränderung der Kostenfaktoren).
- Im veränderten weltwirtschaftlichen Wettbewerb, bedingt durch das Auftreten neuer Billigkonkurrenten einerseits und struktureller Schwäche andererseits, ist sie gänzlich untragbar geworden (Außenveränderung der Kostenfaktoren).

Arbeitskosten

Unter allen Kostenfaktoren wird die Höhe der Arbeitskosten besonders stark kritisiert. Mit einem Anteil von 25 Prozent stellen sie im verarbeitenden Gewerbe nach dem Material den zweitgrößten Posten in der Gesamtkostenrechnung dar. Und im Unterschied zum überwiegend

Kostenanteile am Brutto-Produktionswert im verarbeitenden Gewerbe Westdeutschlands 1991:	
Vorleistungen:	*64,3 %*
Materialverbrauch (ohne Energie)	36,7 %
Energieverbrauch	2,2 %
Einsatz von Handelsware	10,7 %
Kosten für Lohnarbeit	2,5 %
Kosten für sonstige Dienstleistungen	2,1 %
Miete und Pacht	1,5 %
Sonstige Kosten	8,6 %
Personalkosten:	*25,2 %*
Lohnkosten (Arbeiter, Heimarbeiter)	11,2 %
Gehaltskosten (Angestellte)	9,4 %
Gesetzliche Sozialkosten	3,4 %
Sonstige (freiwillig aufgewendete) Sozialkosten	1,2 %
Abschreibungen	*3,8 %*
Kostensteuern	*3,1 %*

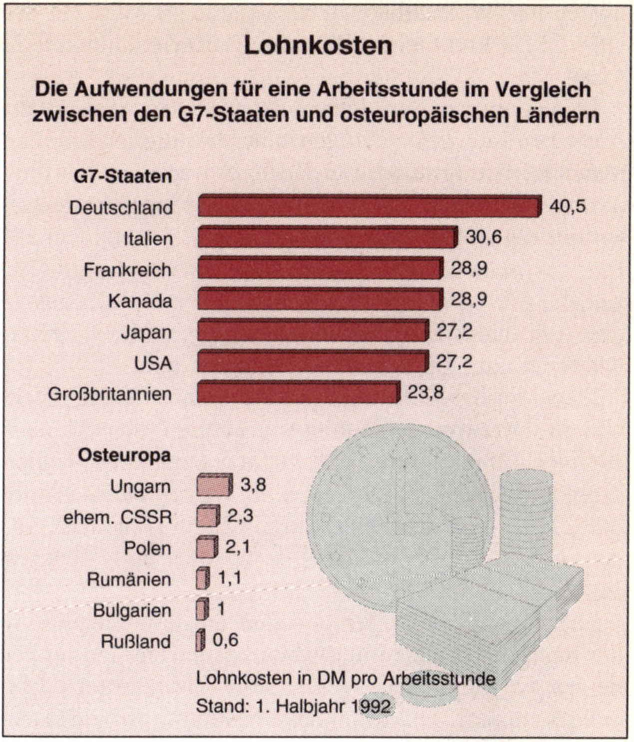

importierten Material sind die Arbeitskosten ein ausschließliches Kennzeichen des Standorts Deutschland.

Auf 42 Mark beziffern die Statistiker des Instituts der Deutschen Wirtschaft (IW) die Gesamtkosten, die der Betrieb für den Stundenlohn eines Arbeitnehmers in der verarbeitenden Industrie Westdeutschlands (ohne Handwerk) 1992 ausgeben mußte. Damit hält die (alte) Bundesrepublik weltweit den Lohnrekord – dicht gefolgt nur von kleineren europäischen Ländern wie der Schweiz (39,20 Mark), Norwegen (38,90) und Schweden (38,50). Die wichtigsten Weltmarkt-Konkurrenten dagegen können sich über einen deutlichen Abstand freuen: In Japan kostet die vergleichbare Arbeitsstunde 30 Mark, in den USA 25, in Frankreich 28 und in Großbritannien nur 23 Mark.

In den letzten fünf Jahren hat sich der Abstand der deutschen Lohnkosten zu denen der wichtigsten Konkurrenten noch vergrößert: Der Kostenzuwachs für die Bundesrepublik betrug 28,4 Prozent, während Japans Arbeitgeber nur um 20 Prozent stärker zur Kasse gebeten wurden. Eine faktische Lohnpause haben die USA eingelegt: Dort sind die Arbeitskosten seit 1987 nur um ein Prozent gestiegen – und damit die Löhne und Gehälter, gerechnet in realer Kaufkraft, um über zehn Prozent gesunken.

Dabei ist die Höhe der direkt zwischen Arbeitgebern und Arbeitnehmern vereinbarten Stunden- oder Monatsentgelte (Direktlohn) noch nicht einmal das Hauptproblem. Diese nämlich liegen im Westen Deutschlands mit 22,50 Mark deutlich niedriger als in Dänemark und der Schweiz (beide 26 Mark) – und sogar unter denen in Japan (22,80 Mark).

Das eigentliche Ärgernis sehen die Unternehmen in den deutschen Lohnzusatz(neben)kosten, die sich aus den beiden Komponenten »gesetzliche Zusatzkosten« (Arbeitgeberanteil an Kranken-, Renten-, Arbeitslosen- sowie Unfallversicherung) und »betriebliche Zusatzkosten« (tarifliche Zulagen, 13. Monatsgehalt, Betriebsrente, Weiterbildung) zusammensetzen; die über Lohn oder Gehalt hinausgehenden Leistungen werden oft auch als *Sozialkosten* zusammengefaßt. Bei den Zusatzkosten bildet Deutschland weltweit konkurrenzlos die Spitze: Mit 19,50 Mark erreichen diese über 80 Prozent der Direktlohnsumme – und liegen damit weitaus höher als in Japan (30 Prozent des Direktlohns) oder den USA (37 Prozent).

Die Höhe der Lohnzusatzkosten sehen die Unternehmer nicht nur als schwere finanzielle Belastung. Sie halten sie auch für schädlich in ihrer Auswirkung auf die Arbeitsmotivation der Beschäftigten, die die hohen Beträge allenfalls auf ihrer Lohnabrechnung, nicht aber auf ihrem Konto zu sehen bekämen. Die Schuld daran lastet man in erster Linie dem Staat und den hohen Sozialabgaben an. Es gilt allerdings zu bedenken, daß die freiwilligen betrieblichen Leistungen einen deutlich höheren Anteil an den Lohnzusatzkosten ausmachen als die gesetzlichen Abgaben. Sie werden deshalb in fast allen Unternehmen derzeit schrittweise abgebaut oder stehen zumindest zur Disposition.

Sozialkosten

Als Sozialkosten werden im betrieblichen Rechnungswesen die Teile der gesamten Arbeitskosten erfaßt, die über den tariflich vereinbarten Lohn (Direktlohn, Sonderzahlungen und Urlaubsgeld) hinausgehen. Sie sind weitgehend identisch mit den ebensoviel zitierten »Lohnnebenkosten« – nicht aber mit den staatlichen Sozialleistungen, zu deren Finanzierung sie allerdings einen gewichtigen Beitrag leisten. Sie werden unterteilt in

- *Gesetzliche Sozialkosten:* Diese umfassen die Arbeitgeberanteile an Renten-, Kranken- und Arbeitslosenversicherung sowie die gesetzlich vorgeschriebene Unfallversicherung. Ihr Anteil an der Gesamthöhe der Arbeitskosten lag 1988 bei 16,5 Prozent.
- *Freiwillige Sozialkosten:* Dazu zählen die freiwillig gewährten Aufwendungen der Unternehmen für Betriebsrenten, Gratifikationen, Essenszuschüsse, Werkswohnungen sowie für firmeneigene Kultur-, Sport- oder Freizeiteinrichtungen. Ihr Anteil an den Arbeits-Gesamtkosten beträgt derzeit 4,3 Prozent.

Die hohen Gesamtkosten für die Arbeitsleistung waren in den achtziger Jahren, als der Konjunkturmotor rund lief und das Augenmerk der Unternehmen zuvorderst der reibungslosen Abwicklung der Produktion galt, zwar auch bereits als drückend empfunden worden. Sie galten damals aber noch als hinnehmbar – besonders weil sie durch eine im internationalen Maßstab hohe *Arbeitsproduktivität* relativiert wurden.

In der Produktivität, errechnet aus dem Index der *Lohnstückkosten* und der Arbeitskosten je Stunde, lagen die westdeutschen Unternehmen (als Bezugsgröße gleich 100 Prozent) nach IW-Angaben auch 1992 noch vor den Konkurrenten in Japan (89 Prozent) und den USA (88 Prozent).

Lohnstückkosten

Mit dem Index der Lohnstückkosten messen die produzierenden Unternehmen die relative Veränderung der Lohnkosten, die ihnen bei der Herstellung einer bestimmten Gütereinheit entstehen. Das Statistische Bundesamt berechnet die Lohnstückkosten nach der Formel: Bruttoeinkommen aus unselbständiger Arbeit je beschäftigtem Arbeitnehmer im Verhältnis zum Bruttoinlandsprodukt je Erbwerbstätigem. Liegt die Steigerungsrate der Lohnstückkosten höher als die der Erzeugerpreise, so bedeutet dies immer eine Schmälerung der Unternehmensgewinne: Die Herstellungskosten steigen, aber diese Kostensteigerung kann nicht über die Erhöhung der Preise an den Verbraucher weitergegeben werden. Genau das war in den Jahren 1991 und 1992 der Fall, als der Anstieg der Lohnstückkosten jeweils fünf Prozent betrug. Die Folge: In Westdeutschland zahlen die Unternehmen heute die weltweit höchsten Lohnstückkosten. Die Indexzahl weist für die Hauptkonkurrenten deutliche Vorteile aus: Japan 28 Prozent, USA 20 Prozent und Frankreich 18 Prozent.

Sie verlieren allerdings in der Krise an Boden: Seit 1991 ist die Produktivitätsrate in Deutschland nicht mehr gestiegen, während besonders die amerikanischen Produzenten in letzter Zeit große Fortschritte gemacht haben. Bezieht man die Betriebe im Osten Deutschlands, wo speziell in den verbliebenen Industriebetrieben die Produktivität nur rund 30 Prozent der gleichen West-Unternehmen erreicht, in die deutsche Gesamt-Produktivitätsrate mit ein, so ändert sich das Bild im internationalen Vergleich gravierend. Das amerikanische McKinsey Global Institute sah in einer Studie 1993 die US-Hersteller (hier als 100 Prozent) deutlich vor den Japanern mit 83 und den wiedervereinigten Deutschen mit 79 Prozent.

Nun lassen sich statistische Erhebungen dieser Art schon aufgrund methodischer Unterschiede nie wirklich problemlos vergleichen. Schwerer wiegt aber in jedem Fall die Tatsache, daß sich Produktivität heute in immer weiteren Bereichen industrieller Herstellung »exportieren« läßt: Neu errichtete Textil- oder Stanzanlagen erzielen heute nahezu überall ähnliche Ausstoßmengen – ob sie nun in Portugal, Deutschland oder Polen installiert sind. Damit aber rückt automatisch die Frage nach der absoluten Lohnhöhe wieder in den Vordergrund. Und da beträgt der Unterschied zwischen dem Westen Deutschlands und Portugal nun einmal 33 Mark pro Stunde – und im Falle Polens gar 37 Mark.

Selbst die geringeren Löhne und Gehälter in den ostdeutschen Bundesländern, wo Ende 1993 etwa in der Textilindustrie nur knapp 70 Prozent des Westlohns zu bezahlen waren, bieten den Unternehmen der Branche keinen Anreiz, dort zu investieren: Die Konkurrenz tut es auch nicht, weil es weiter östlich noch billiger geht. Für

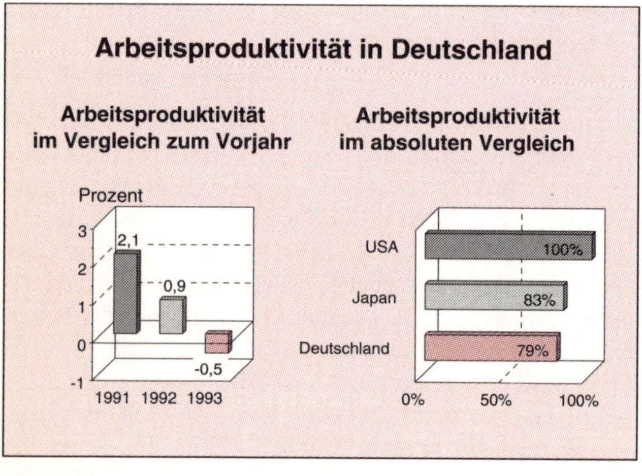

Textil- und Bekleidungskonzerne, die im internationalen Wettbewerb beim Preis mithalten müssen, ist der Standort Deutschland aus Kostengründen völlig uninteressant geworden.

Die Konjunktur- und Konkurrenzsituation ist allerdings in den verschiedenen Branchen zu unterschiedlich, als daß sich alle über einen Kamm scheren ließen. So unterscheidet sich die Lage in der Bauindustrie, in der die Kosten über Preissteigerungen an die (fast ausschließlich inländischen) Kunden weitergegeben werden können, fundamental von jener in der Stahl-, Papier- oder Kunststoffindustrie, der diese Möglichkeit nicht offensteht.

Zwar ist das alte Argument der Arbeitnehmerseite, daß Löhne und Gehälter außer Kosten gleichzeitig auch immer kaufkräftige Nachfrage im Binnenmarkt produzieren (und schon allein deshalb nicht sinken dürfen), heute nicht unwichtig oder gar falsch geworden. Denn tatsächlich hat die reale Kaufkraft der Einkommensbezieher im Westen Deutschlands seit 1988 nicht mehr zugenommen, sie wird im Gegenteil durch die Ergebnisse der Lohnrunde von 1994 sogar noch sinken.

Die sprunghafte Zunahme der Importe in den Jahren seit 1990 aber, die dazu beigetragen hat, die deutsche Zahlungsbilanz seit der Wiedervereinigung in den negativen Bereich zu drücken, zeigt an: Begünstigt durch die Öffnung der Wirtschaftsräume und ihrer Zoll- und Handelsgrenzen, orientiert sich die deutsche Nachfrage nach Gütern – und vor allem nach Dienstleistungen – immer stärker nach außen. Dann aber muß dasselbe auch für die Höhe der Löhne und Gehälter gelten. Arbeit wird in Deutschland entweder billiger werden müssen (und das beileibe nicht nur in der Industrie) – oder sie wird weiter rapide weniger werden. Ob allerdings die Gegenrechnung: »Ein mehrjähriger Verzicht auf Reallohnsteigerung schafft bis zu zwei Millionen neue Arbeitsplätze« auch wirklich aufgeht, wird erst die Zukunft weisen.

Untrennbar mit der Frage der Arbeitskosten verflochten sind die Faktoren Arbeitszeit und Arbeitsorganisation. Denn nicht nur in der Lohnhöhe ist Deutschland heute international »Spitze«: Auch was die Verkürzung der tariflich und rechtlich verankerten Arbeitszeit angeht, liegt die (alte) Bundesrepublik mit 1.665 Arbeitsstunden pro Jahr vorne; in den östlichen Bundesländern dagegen ist die 40-Stunden-Woche noch in den meisten Branchen die Regel.

Der Abstand zu den Weltmarktkonkurrenten ist gewaltig: In Großbritannien und Frankreich arbeiten die Be-

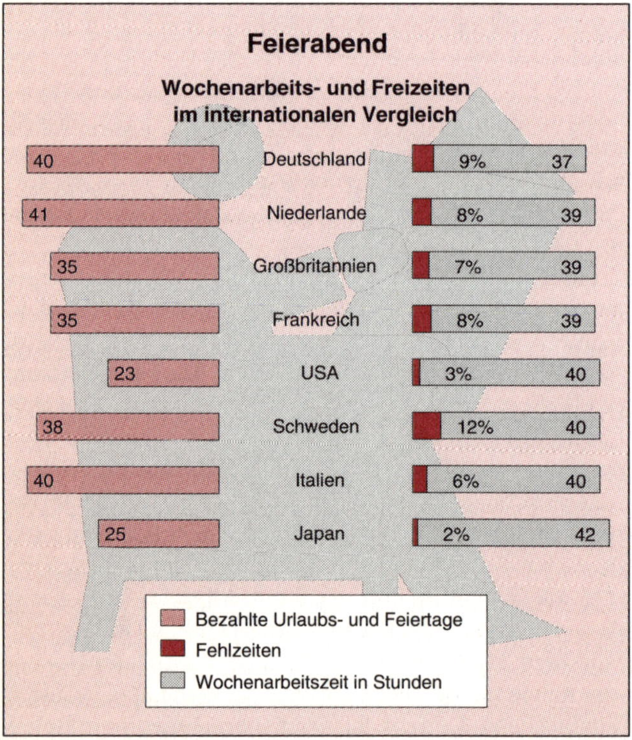

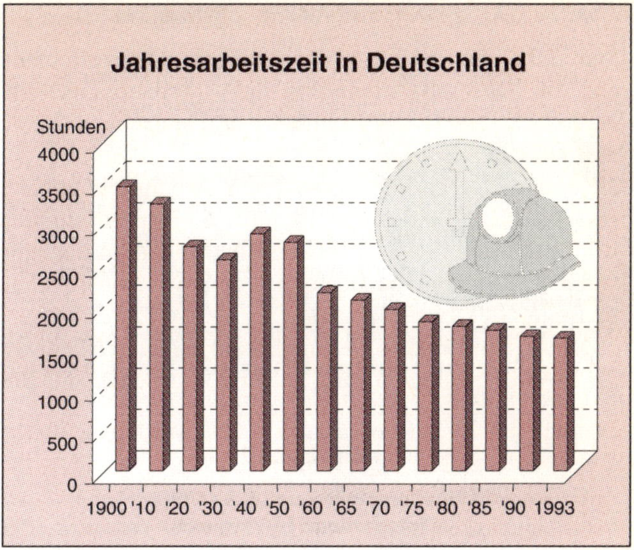

schäftigten in der verarbeitenden Industrie um 100 Stunden mehr pro Jahr, in den USA um 250 und in Japan gar um fast 400 Stunden.

Noch weiter klaffen die jährlichen Arbeitsleistungen auseinander, wenn nicht die formal vereinbarten Soll-Arbeitszeiten, sondern die tatsächlich geleisteten Arbeitsstunden pro Jahr gemessen werden: Hier liegen Japan (2.000 Stunden) und die USA (1.850 Stunden), aber auch Großbritannien und Frankreich (1.650 Stunden) noch deutlicher vor Westdeutschland (1.520 Stunden). Schuld daran sind nach Ansicht der Arbeitgeber, aus deren Berechnungen diese Zahlen stammen, die hohen Fehlzeiten deutscher Arbeitnehmer aufgrund von Krankheiten, Kuren und Weiterbildung. Kräftig zu Buche schlagen in diesem Zusammenhang auch die bezahlten Urlaubs- und Feiertage: Hier hält Deutschland zusammen mit Holland und Italien mit 40 Tagen pro Jahr die Weltspitze, während japanische und amerikanische Unternehmer ihren Belegschaften nur 25 beziehungsweise 23 freie Tage pro Jahr bezahlen.

Auch wenn diese Zahlen von Gewerkschaften und zahlreichen Wissenschaftlern kritisiert werden, ist ihre Grundaussage doch unstrittig: In Deutschland (West) wird weltweit am kürzesten gearbeitet – für die höchsten Löhne und Gehälter. Das aber kann nur gutgehen, wenn dabei auch Güter oder Dienstleistungen produziert werden, die aufgrund bestimmter Vorzüge, sogenannter »Alleinstellungsmerkmale«, zu höheren Preisen als die der Wettbewerber angeboten werden können – und dabei dennoch ihre Käufer finden. Ist das jedoch nicht mehr der Fall, weil entweder die Produkte in der Qualität nachlassen oder die Konkurrenten aufholen, so werden die hohen Kosten automatisch zum Problem.

Als weiteren wesentlichen Standortnachteil Deutschlands haben die Arbeitgeber hierzulande immer wieder die Starrheit der rechtlichen und tariflichen Arbeitszeitregelungen genannt. Tatsächlich stammt der Kern der deutschen Arbeitszeitordnung noch aus dem Jahr 1938. Arbeit an Sonn- und Feiertagen ist gesetzlich verboten; Ausnahmen sind schwer zu erreichen und auf wenige, exakt definierte Bereiche beschränkt. In den Tarifverträgen der letzten Jahrzehnte war die Arbeitszeit in fast allen Wirtschaftszweigen nicht nur schrittweise immer weiter verkürzt worden (Wochendurchschnitt in Westdeutschland 1993: 37,8 Stunden). Auch das zeitliche Korsett ihrer Ableistung wurde immer enger gezogen: Den Samstag erklärte man für die meisten Branchen zur arbeitsfreien Tabuzone, der Ausgleich von Überstunden mußte innerhalb weniger Wochen erfolgen, Schichtarbeit galt weithin als unsozial.

»Mangelnde Flexibilität« bei der Regelung der Arbeitszeit warfen die Arbeitgeber den Gewerkschaften und Betriebsräten vor – ein Mangel, der angesichts der weitgehend ungeregelten Zeitorganisation in den USA oder gar in den asiatischen »Tigerstaaten« immer mehr zum unbezahlbaren Luxus werde. Bei den Maschinenlaufzeiten, also bei der Anzahl der Stunden, in denen der teure Maschinenpark der deutschen Industrie tatsächlich produzierte, bildete die Bundesrepublik 1989 selbst in Europa das Schlußlicht: Mit 52 Stunden pro Woche lag sie noch hinter Portugal, Irland und Griechenland – ganz zu schweigen von Frankreich (68), Holland (73) oder Großbritannien (75).

Auch in bezug auf die Arbeitszeit und ihre starre Organisation allerdings sagen die statistischen Zahlen nur einen Teil der Wahrheit. Denn längst nicht in allen Wirtschaftszweigen gehört es in Deutschland zur Arbeitswirklichkeit, daß Arbeiter und Angestellte zu einem festgesetzten Zeitpunkt den Schraubenzieher fallen lassen oder mitten in der Arbeit den Computer ausschalten. Den Anteil zusätzlicher, über die vereinbarte Arbeitszeit hinaus geleisteter Mehrarbeit, die auch nicht in der Kategorie »Überstunden« erfaßt wird, setzen Arbeitswissenschaftler heute besonders im Handwerk und in Dienstleistungsberufen mit zehn bis 15 Prozent an.

Darüber hinaus ist die Botschaft der notwendigen Flexibilisierung von Arbeitszeit und -organisation längst in den Betrieben angekommen. Schon seit Jahren experimentieren in kleinen Werken wie dem des schwäbischen Waagen-Herstellers Mettler-Toledo, aber auch in großen Produktionsstätten wie bei BMW in Regensburg, Unternehmensleitung und Arbeitnehmer jenseits der offiziellen Flächenvereinbarungen mit völlig neuen Modellen der Gestaltung von Arbeitszeiten und Arbeitsplätzen. Sie reichen bis hin zum »Zeitkonto«, das Arbeitgeber wie Arbeitnehmer die Möglichkeit gibt, bei einer »Kern-Anwesenheit« von mindestens vier Stunden pro Tag die fixierte Soll-Arbeitszeit innerhalb eines halben Jahres gemäß den betrieblichen Erfordernissen und den persönlichen Wünschen frei zu verteilen. Selbst Computerprogramme, die sowohl die Erfordernisse des Unternehmens als auch die Wünsche der Arbeitnehmer berücksichtigen, werden bereits in einigen Musterbetrieben eingesetzt. Und wie schnell derartige Neuerungen auch in den größten Unternehmen zu verwirklichen sind, zeigte nicht zuletzt VW in Wolfsburg mit der Einführung der Vier-Tage-Woche wegen Auftragsmangel.

Steuerlast

Die Steuer- und Abgabequote in Deutschland, also der prozentuale Anteil aller Steuern und gesetzlichen Abgaben am Bruttoinlandsprodukt (BIP), steht heute auf dem Höhepunkt seiner Nachkriegsgeschichte. Mit 43,7 Prozent nimmt das wiedervereinigte Deutschland auch im internationalen Vergleich einen Spitzenrang ein – hinter Schweden (50,6 Prozent) und gleichauf mit Frankreich, aber weit vor den USA (30,7 Prozent) und Japan (29,3 Prozent).

Der Grund dafür ist der immens gestiegene Finanzbedarf der öffentlichen Hand zur Finanzierung der unerwartet hohen Belastungen, die im Zug der deutschen Einheit und bedingt durch die Verpflichtungen gegenüber den Ländern Osteuropas und der Europäischen Union (EU) entstanden sind. Die Quote, die die Regierung Kohl im Verlauf der achtziger Jahre zunächst um zwei auf 40 Prozent gedrückt hatte, ist seit 1990 wieder steil angestiegen. Sie wird diesen Weg aller Voraussicht nach fürs erste fortsetzen.

Unternehmenssteuern

Die hohe Steuerlast stellt neben den Arbeitskosten den zweiten Arm der »Gewinnzange« dar, in der sich Deutschlands Unternehmen gefangen sehen. Von dem Ertrag, der nach Abzug aller Material-, Personal-, Energie-, Transport-, Miet- und Investitionskosten sowie der Gewinnausschüttung an die Kapitaleigner als »einbehal-

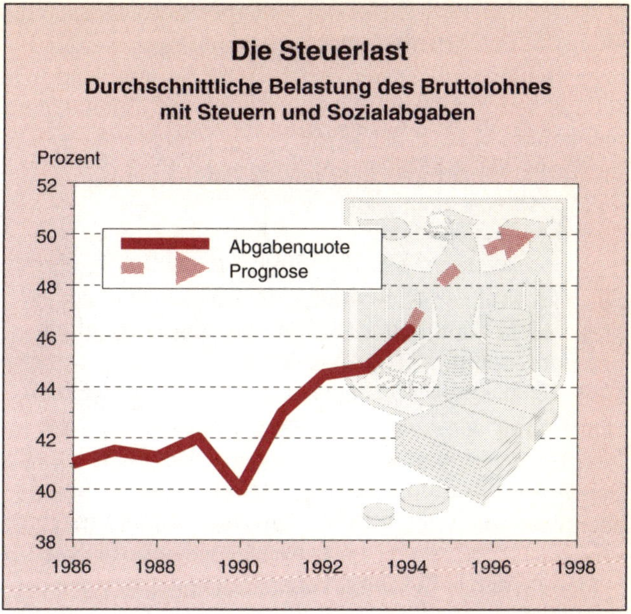

tener Gewinn« übrigbleibt, gingen bis zum Jahresbeginn 1994 nicht weniger als 66 Prozent an den Staat. Das neu in Kraft getretene *Standortsicherungsgesetz* hat diesen Wert nach unten korrigiert: Durch Senkung der Körperschaftssteuer ist die Steuerlast der Unternehmen auf 62 Prozent gesunken.

Aber auch damit steht Deutschland noch immer an der Spitze der internationalen Unternehmenssteuern-Skala. Der Abstand zu Japan (59 Prozent) und Frankreich (52 Prozent) ist nach wie vor deutlich, der zu den USA (45 Prozent), Kanada (44 Prozent) und Großbritannien (33 Prozent) gewaltig. Unternehmer und Wirtschaftsforscher sehen gerade in der hohen Besteuerung der Unternehmensgewinne einen wesentlichen Grund dafür, daß trotz positiver Gewinnerwartung die Summe der nach Deutschland fließenden *Direktinvestitionen* in der Hoch-

Standortsicherungsgesetz

Die »Zukunftssicherung des Standorts Deutschland« hat sich die Bundesregierung im Spätsommer 1993 zur Aufgabe gesetzt. Zentrale Ziele des Standortsicherungsgesetzes sind:

- die Staatstätigkeit auf ihre Kernaufgaben zu konzentrieren (Abbau überflüssiger staatlicher Regelungen, Beschleunigung von Bau- und Zulassungsgenehmigungen, Privatisierung staatlicher Unternehmen und Aufgaben)
- die staatlichen Sozialleistungen so weit abzubauen, daß sie »mit dem gesamtwirtschaftlichen Leistungsvermögen in Einklang« stehen (Einführung einer Obergrenze für gesetzliche Lohnnebenkosten, Senkung des Rentenniveaus von 68 Prozent, Verlängerung der gesetzlichen Lebensarbeitszeit, verschärfte Zumutbarkeitsregelungen für Arbeitslose)
- die Steuerbelastung besonders der Unternehmen zu senken (Gewerbekapitalsteuer, betriebliche Vermögenssteuer, Ertragssteuer, Gewerbesteuer)
- die öffentlichen Haushalte in Bund, Ländern und Gemeinden mittelfristig zu konsolidieren (Senkung der Neuverschuldung, Neuregelung der Finanzbeziehungen zwischen Bund und Ländern im Rahmen des »Föderalen Konsolidierungsprogramms«).

konjunkturphase der achtziger Jahre mit jährlich rund vier Milliarden Mark vergleichsweise mager blieb. Allerdings gibt es dafür auch eine Reihe anderer Ursachen.

Aus zwei Gründen halten Experten das derzeit geltende System der Unternehmensbesteuerung in Deutschland für kontraproduktiv:

1. Es besteuert gerade die Gewinne besonders hoch, die im Unternehmen verbleiben – und so dazu dienen, seine Substanz zu stärken. Damit ist das Steuersystem für die im internationalen Vergleich geringe Eigen-

Direktinvestitionen

Eine Direktinvestition ist eine Auslandsinvestition, die dem Zweck dient, im Ausland Sachwerte wie Immobilien, Betriebsstätten oder ganze Unternehmen oder Beteiligungen zu erwerben. Deutschland hat im Saldo seiner Direktinvestitionen im Ausland abzüglich der Beträge, die ausländische Anleger hierzulande investieren, einen gewaltigen Überhang auf der Exportseite von jährlich zehn bis 20 Milliarden Mark. Im Durchschnitt der Jahre 1987 bis 1991 kauften ausländische Investoren in Deutschland für 5,6 Milliarden Dollar Sach- und Unternehmenswerte – und damit weit weniger als etwa in den USA (48 Milliarden), in Großbritannien (24 Milliarden) oder Frankreich (über zehn Milliarden). Als Indikator oder gar als Beweis für die mangelnde Attraktivität des Investitionsstandorts Deutschland kann dies aber nur sehr bedingt dienen. Denn gerade in den USA hat die anhaltende Welle ausländischer (besonders japanischer) Übernahmen zu einer heftigen Diskussion über den »Ausverkauf amerikanischer Werte« geführt. Nähme man die Direktinvestitionen (oder gar deren Saldo) als Meßgröße für die Standortqualität, wäre Japan seit Jahren der schlechteste Standort der Welt: Dort liegt der jährliche Kapitalzufluß weit unter zwei Milliarden Dollar. Dafür haben Japans Unternehmer zwischen 1987 und 1991 Jahr für Jahr über 30 Milliarden Dollar außerhalb des eigenen Landes investiert.

kapitalquote deutscher Unternehmen mitverantwortlich.

2. Es erlegt durch seinen hohen Anteil an »ertragsunabhängigen Substanzsteuern« wie Gewerbekapital- und Vermögenssteuer den Unternehmen auch dann eine hohe Steuerbelastung auf, wenn die Konjunktur- und Ertragslage schlecht ist. Vergleichbare Steuern spielen in den meisten Industriestaaten nur eine marginale Rolle.

Ob allerdings das System der Unternehmensbesteuerung tatsächlich wesentlich dazu beiträgt, den Standort Deutschland für Investoren unattraktiv erscheinen zu lassen – darüber gehen die Meinungen zumindest auseinander. Denn die steuerlichen Gewinnermittlungsvorschriften und Bemessungsgrundlagen sind in Deutschland weniger scharf definiert – und damit für die steuerpflichtigen Unternehmen günstiger – als in vielen konkurrierenden Ländern. Sie bieten findigen Steuerexperten innerhalb und außerhalb der Unternehmen weitreichende Möglichkeiten, die Bilanz von »unerwünschten« Gewinnen zu entlasten – und diese werden auch zunehmend genutzt. So haben es vor allem international tätige Konzerne wie Siemens oder BMW in den letzten Jahren immer besser verstanden, ihre zu versteuernden Gewinne auf einen Bruchteil der entsprechenden früheren Beträge zu drücken – ohne erkennbare Schieflage bei Umsatz oder Ertrag. Eben darin aber sieht mancher die Gefahr einer faktischen Verzerrung der Wettbewerbsgleichheit zugunsten der Großunternehmen – die sich wiederum als Standortnachteil auswirken könnte.

Steuern und Abgaben

Nicht nur Höhe und Struktur der Unternehmenssteuern belasten den Standort Deutschland. Als zunehmende Gefahr empfinden Experten auch die Belastung der privaten

Einkommen mit immer neuen Steuern und staatlichen Abgaben. Vom durchschnittlichen jährlichen Bruttolohn, der 1993 bei 48.400 Mark lag, blieben nach Abzug der Lohnsteuer (9.200 Mark) und aller Sozialabgaben (7.200 Mark) noch 32.000 Mark oder 66 Prozent als Nettolohn übrig. Rechnete man allerdings auch noch die indirekten Steuern und Abgaben (Mehrwertsteuer, Mineralölsteuer, Tabaksteuer u.a.) weg, so schmolz der Nettolohn nochmals um 5.000 Mark: Als Nettoeinkommen blieben dem durchschnittlichen Arbeitnehmer nur noch 27.000 Mark beziehungsweise 55 Prozent seines Bruttolohns oder -gehalts. Die restlichen 45 Prozent hatte sich der Staat geholt.

Diese Belastungsquote hatte während der achtziger Jahre bei rund 41 Prozent gelegen. Seit dem Tiefpunkt im Jahr 1990 (40 Prozent) ist sie in einem steilen Anstieg begriffen, der schon 1995 mit einem neuen Solidarbeitrag zur Finanzierung der deutschen Einheit weiter beschleunigt werden wird. Zwar gehören auch steuerentlastende Maßnahmen zu den Zielen der Bundesregierung. Doch ob sie tatsächlich verwirklicht werden, ist zu bezweifeln: Selbst die vom Bundesverfassungsgericht vorgeschriebene Steuerbefreiung der Mindesteinkommen hält der Bundesfinanzminister für »nicht finanzierbar« – und will sie bis mindestens 1996 zurückstellen. Der Bund der Steuerzahler rechnet damit, daß die Belastungsquote der Einkommen mit Steuern und Abgaben bis dahin die 50-Prozent-Marke erreichen wird.

Von der Zunahme der Steuerbelastung sind bislang nur überdurchschnittlich hohe Einkommen verschont geblieben. Und mehr als das: Der Spitzensteuersatz für zu versteuernde Jahreseinkommen von über 120.000 Mark wurde mit Beginn des Jahres 1994 von 56 auf 53 Prozent gekürzt. Die zunehmende Belastung aller übrigen durch Arbeit erworbenen Einkommen mit staatlichen Abgaben aber wird den privaten Verbrauch in Deutschland weiter drosseln. Die Folgen eines solchen Konsumrückgangs haben in erster

Linie die deutschen Herstellungs- und Dienstleistungsunternehmen zu tragen – was beim katastrophalen Absatzeinbruch der deutschen Automobilhersteller (minus 25 Prozent allein 1993) oder des Einzelhandels im Krisenjahr 1993 deutlich zutage trat. Allerdings ging in der Krise auch der Wert der Importe stark zurück: Von 644 (1991) ist er auf 544 Milliarden Mark (1993) gesunken.

Die Kombination der hohen Unternehmenssteuern mit einer stetig wachsenden Belastung der Arbeitseinkommen halten Wissenschaftler, Unternehmensverantwortliche und Politiker unterschiedlicher Parteizugehörigkeit für einen der gravierendsten Standortnachteile Deutschlands. Denn sie verhindert neues Wachstum in der deutschen Wirtschaft und schreckt investitionswillige Unternehmer ab.

Umweltschutzkosten

Mit 38 Milliarden Mark machten die Gesamtaufwendungen der öffentlichen Hand und der privaten Wirtschaft für den Umweltschutz 1990 in Deutschland 1,7 Prozent des realen Sozialprodukts aus. Mit diesem Prozentsatz liegt die Bundesrepublik an der Spitze der führenden Industrieländer: In den USA (1,4 Prozent), Kanada (1,3), Japan (1,0), Großbritannien und Frankreich (beide 0,9) wird prozentual deutlich weniger in den Umweltschutz investiert – auch wenn die absoluten Ausgaben in den weitaus größeren Volkswirtschaften der USA und auch Japans höher liegen.

Auf die Unternehmen des produzierenden Gewerbes entfielen nach Berechnungen des Instituts der deutschen Wirtschaft 18,5 Milliarden Mark der Gesamtaufwendungen – ein Anteil von 48,5 Prozent. Noch 1980 hatte er mit 7,8 Milliarden Mark bei nur 38 Prozent gelegen. Das Bruttoanlagevermögen der Industrieunternehmen für Umweltschutzmaßnahmen ist zwischen 1985 (52,3 Milliarden Mark) und 1990 (75 Milliarden Mark) um 43 Prozent angewachsen.

Nicht nur in der Höhe, sondern vor allem im internationalen Trend der auf den Umweltschutz zurückzuführenden Kosten sieht der Bund der deutschen Industrie (BdI) einen schwerwiegenden Wettbewerbsnachteil für die in Deutschland produzierenden Betriebe. Denn während die »Öko-Aufwendungen« in Deutschland in der zweiten Hälfte der achtziger Jahre um 14 Prozent zugenommen hätten, seien sie in den USA (minus 7 Prozent), Kanada (minus 18), Großbritannien (minus 23) und Japan (minus 24) erheblich verringert worden. Dagegen hätten in Deutschland in dieser Zeit allein die Unternehmen die Last der steigenden Aufwendungen zu tragen gehabt.

Die Frage jedoch, ob die staatliche Umweltpolitik in Deutschland ausschließlich oder hauptsächlich unter dem Gesichtspunkt der Kostenbelastung betrachtet werden kann – und ob jene einen insgesamt positiven oder negativen Effekt auf den Wirtschaftsstandort Deutschland ausübt – ist mit dieser Einschätzung nicht beantwortet. Wissenschaftler des Rheinisch-Westfälischen Instituts für Wirtschaftsforschung (RWI) in Essen und des Deutschen Instituts für Wirtschaftsforschung (DIW) in Berlin nämlich kommen in einem Gutachten für das Bundesumweltministerium zu einer exakt gegensätzlichen Einschätzung: Sie halten die Umweltpolitik für »ein zentrales Element der Sicherung und Weiterentwicklung des Industriestandorts Deutschland«. Ihre Argumente lauten:

1. Durch die Umweltpolitik und ihre Auflagen haben sich die Bedingungen in allen Umweltbereichen verbessert. Eine intakte Umwelt ist heute ein wesentlicher »weicher Faktor« für die Standortsuche.
2. Die Umweltpolitik verursacht selbst keine Kosten, sondern ordnet diese nur »verursachergerecht« zu. Damit sorgt sie für »ökologisch ehrlichere« Preise und regt zu einem sparsameren Umgang mit knappen Umweltgütern wie Luft, Wasser und Rohstoffen an.

3. Der gesamtwirtschaftliche Nutzen konsequenter Umweltauflagen übersteigt auf lange Sicht die Kosten des Umweltschutzes, da neue Produkte, Tätigkeitsbereiche und Berufsbilder entstehen.

Als Beleg führt das Gutachten an:

- Die Zahl der in der Umwelttechnik tätigen Unternehmen ist seit 1980 von 1.000 auf über 4.000 gestiegen. Diese setzten 1992 rund 26 Milliarden Mark um. Ihre Wachstumsraten liegen über dem Durchschnitt.
- Die Zahl der Arbeitsplätze in der Umwelttechnik liegt heute bereits über 600.000 und steigt weiter an.
- Von allen internationalen Patenten im Bereich Umwelttechnik entfielen in den achtziger Jahren 30 Prozent auf deutsche Anmelder.

Patentanmeldungen

pro Jahr zwischen 1987 und 1992

Technologie	GB	D	USA	J
Kraftfahrzeugtechnik	619	2.259	2.273	11.041
Medizintechnik	206	799	2.716	4.163
Großcomputer	153	326	1.631	19.567
Unterhaltungselektronik	118	281	644	10.740
Mikroelektronik	84	216	1.230	12.688
Bio technologie	49	197	679	1.951
Bürotechnik	33	167	299	7.317
Lasertechnik	50	129	366	2.841
Luft- und Raumfahrt	33	117	272	347

Anmeldungen pro Jahr

unter 100	100 - 499	500 - 999
1.000 - 1.999	2.000 - 4.999	über 5.000

Umweltsensible Branchen

Als »umweltsensibel« oder »umweltintensiv« werden die Branchen des produzierenden Gewerbes bezeichnet, bei deren Produktionsprozessen überdurchschnittlich viele Schad- und Abfallstoffe anfallen. Dazu zählen die Unternehmen der Elektrizitäts-, Gas- und Wasserversorgung, der Bergbau, die Mineralölverarbeitung, die eisenschaffende Industrie und die Chemieindustrie oder auch die Lederwarenhersteller. Der Anteil dieser Branchen an der Gesamtwertschöpfung des produzierenden Gewerbes betrug 1990 rund 26 Prozent. Sie beschäftigten dabei 1,9 Millionen Menschen (17 Prozent der Erwerbstätigen). Beide Anteile sind seit Mitte der achtziger Jahre rückläufig.

- Beim Export von Umweltschutzprodukten liegt Deutschland mit einem Anteil am internationalen Handel von 20 Prozent weltweit an der Spitze.

Doch auch der Spitzenverband der Industrie kontert mit bedenkenswerten Zahlen:

- Der Anteil der jährlichen Umweltinvestitionen an der Gesamtheit aller Investitionen im produzierenden Gewerbe betrug in den Jahren 1985 bis 1990 im Durchschnitt sieben Prozent. Er ist damit ein relevanter Kostenfaktor.
- In den *umweltsensiblen Branchen* wie der Chemieindustrie, dem Bergbau oder in den Gießereien erreicht der Anteil der Umweltschutz-Investitionen Spitzenwerte bis zu 15 Prozent. Dies bedeutet im Einzelfall einen massiven Wettbewerbsnachteil gegenüber den im Ausland produzierenden Konkurrenten – bis hin zum Verlust ganzer Industrie- und Produktbereiche.

2. Das Strukturproblem – Von der Industrie- zur Dienstleistungsgesellschaft

Strukturelle Probleme der Art, wie sie in der Diskussion um die Auswirkungen des Umweltschutzes auf die Gesamtheit der wirtschaftlichen Rahmenbedingungen sichtbar werden, machen dem Standort Deutschland vielfach zu schaffen. Die Bundesrepublik, die lange Jahre von ihrer industriellen Stärke sehr gut gelebt hat, steckt – wie alle anderen Industrieländer auch – mitten in einer Phase fundamentalen Wandels, die ihre wirtschaftliche, aber auch ihre gesellschaftlich-politische Struktur von Grund auf verändern wird.

Die Situation ähnelt in mancher Hinsicht jener in den fünfziger Jahren: War es damals die Landwirtschaft, die ihre Arbeitskräfte und ihren Wertschöpfungsanteil immer rascher an die Industrie abgab, so zeichnet sich dasselbe Schicksal heute für eben diese Industrie ab. Ihr Anteil am Sozialprodukt wie am Beschäftigungsvolumen, schon seit Jahren im Schwinden begriffen, wird unweigerlich weiter zurückgehen. Das Beispiel dafür geben die USA: Dort ist nicht einmal mehr ein Viertel aller Erwerbstätigen in der industriellen Produktion beschäftigt – dafür aber 70 Prozent im Dienstleistungsbereich.

34 Millionen neue Arbeitsplätze sind in den USA seit 1972 entstanden, vier Millionen davon seit Mitte der achtziger Jahre. Drei Viertel dieses Zuwachses gehen auf das Konto der Dienstleistungsbranchen – im wesentlichen in den Bereichen Banken und Versicherungen sowie Einzelhandel und Gastronomie. Selbst 1993, als industrielle Großkonzerne wie die Computerriesen IBM und Digital Equipment oder der Flugzeughersteller Boeing Zehntausende von Arbeitsplätzen abbauten, war der Saldo positiv: Anfang 1994 stand eine Million Amerikaner mehr auf den Lohn- und Gehaltslisten als ein Jahr zuvor, beim Amtsantritt Präsident Clintons. Die Arbeitslosenquote in den USA ist gleichzeitig auf 5,8 Prozent gefallen.

In Deutschland dagegen ist die Bilanz wesentlich düsterer. Zwar sind auch in der (alten) Bundesrepublik seit dem Tiefststand von 1982 per Saldo über zwei Millionen Arbeitsplätze hinzugekommen. Zwischen Frühjahr 1992 und 1994 jedoch war ein Schwund von 830.000 Stellen zu verzeichnen. Allein 1993 gingen 600.000 Arbeitsplätze verloren – praktisch ausnahmslos in der Industrie.

Allerdings stellt das produzierende Gewerbe insgesamt mit knapp elf Millionen immer noch weit über 30 Prozent der 29 Millionen Arbeitsplätze im Westen Deutschlands – und damit einen deutlich höheren Anteil, als in den USA schon zu Beginn der achtziger Jahre. Dafür bleibt der Anteil der öffentlichen und privaten Dienstleistungen am Arbeitsmarkt in Deutschland hinter dem in allen anderen westlichen Industrie- (oder besser: Service)ländern zurück: Nur Japan weist mit 57 Prozent einen ähnlich niedrigen Wert auf.

Auf dem Weg in die *Dienstleistungsgesellschaft* der Zukunft tut sich der traditionelle Industriestandort Bundesrepublik schwerer als die meisten seiner europäischen Nachbarn. Zwar sind auch hierzulande die Dienstleistungsbranchen – besonders der Einzelhandel, das Gastgewerbe, Telekommunikations- und Software-Dienstleister, das Gesundheitswesen, die Medien und interessanterweise gemeinnützige Organisationen ohne Erwerbscharakter – die Hauptträger des Arbeitsplatzbooms in den achtziger Jahren gewesen. Sie haben ferner ihren Anteil am Sozialprodukt von 47 Prozent 1970 auf über 60 Prozent im Jahr 1992 kontinuierlich gesteigert – und werden wohl auch künftig damit fortfahren. Dennoch ist der Weg zu immer mehr Dienstleistungen in Deutschland ausgesprochen übel beleumundet. Denn er ist – auch das zeigt sich am Beispiel der USA überdeutlich – eng mit einer geringen Wachstumsrate des Pro-Kopf-Einkommens und mit dem Verzicht auf die sozial halbwegs gerechte Verteilung der Einkommen verbunden: Der

Dienstleistungsgesellschaft

Der Anteil der Dienstleistungen, des dritten (»tertiären«) Sektors, am Gesamtvolumen der Wirtschaft wächst in allen Industrieländern unaufhaltsam an. Er verdrängt dabei Industrie und Handwerk (sekundärer Sektor) sowie Landwirtschaft (primärer Sektor) immer mehr. Am weitesten fortgeschritten auf dem Weg von der Industriegesellschaft der Nachkriegsjahrzehnte in die Dienstleistungsgesellschaft der Gegenwart sind die USA: Dort ist der Anteil der Dienstleistungsbranchen an der Bruttowertschöpfung auf drei Viertel angewachsen, während er 1991 in Japan erst bei 56 und in Deutschland bei knapp 60 Prozent lag. Der Trend zur Dominanz der Dienstleistungen gilt in der postindustriellen Gesellschaft als unumkehrbar. Nur im Dienstleistungssektor, so zeigen alle internationalen Prognosen übereinstimmend, ist künftig noch ein Zuwachs an Arbeitsplätzen zu erzielen, während die Zahl der industriell Beschäftigten weiter abnehmen wird. Für die Betroffenen werden die Folgen nicht nur positiv sein: Etwa zwei Drittel von ihnen müssen mit sinkenden Realeinkommen rechnen.

Großteil der Stellen, die das amerikanische Job-Wunder hervorgebracht hat, ist in schlecht bezahlenden Branchen entstanden. Die meisten Amerikaner verdienen heute in realer Kaufkraft nicht mehr als vor 20 Jahren – viele sogar wesentlich weniger. Die »Anti-Karrieren« vom gut bezahlten Flugzeugtechniker oder Computerbauer zum Lokalfeger bei McDonalds oder Taco Bell sind im Land der unbegrenzten Möglichkeiten beileibe keine Einzelfälle. Sie stehen als Schreckgespenst vor den Augen deutscher Arbeitnehmer, die beim Luftfahrtkonzern DASA, beim

Werkzeugmaschinenhersteller Maho und in der Textil- oder Papierindustrie um ihre Arbeitsplätze bangen.

Daß der »Verdienstleistungs-Effekt« sich auch in internationalen Vergleichszahlen niederschlägt, zeigt ein Blick auf die Entwicklung der Volkseinkommen auf Kaufkraft-Basis in den achtziger Jahren. Die USA führen in dieser Statistik die Gruppe der großen Industrieländer zwar in der absoluten Höhe des Einkommens pro Kopf – die nichts über die reale Verteilung dieses Einkommens in der jeweiligen Gesellschaft aussagt – nach wie vor an. Ihre Wachtumsrate jedoch liegt mit 0,9 Prozent klar hinter der Frankreichs (1,5 Prozent), Großbritanniens (1,6 Prozent) und der Bundesrepublik (1,8 Prozent) zurück – und weit hinter der Japans mit 3,6 Prozent.

Mit Milliardensubventionen versuchen daher die öffentlichen Verwaltungen in Bund und Ländern, viele der traditionsreichen *Altindustrien* – Werften, Stahlhütten,

Altindustrien

Als Altindustrien bezeichnen Politiker und Wirtschaftsexperten diejenigen Industriezweige, deren Wachstumszyklus seinen Höhepunkt schon so weit überschritten hat, daß sie keinen positiven Beitrag zu künftiger Wertschöpfung und zum Beschäftigungszuwachs mehr leisten können. Sie sind – bedingt durch das Ausbleiben technischer Innovation und durch den Preiswettbewerb mit industriellen Schwellenländern – aus eigener Kraft nicht mehr überlebensfähig und müssen aufgrund oft beachtlicher Beschäftigtenzahlen durch massive staatliche Subventionen gestützt werden. Zu den Altindustrien zählen in der Bundesrepublik weite Bereiche der Stahl- und Metallbranche, des Kohlebergbaus, der Werftindustrie und der Textil(vor)produktion.

Walzwerke und dergleichen – die in den vergangenen Jahrzehnten zum Wohlstand beigetragen und Tausenden von Menschen einen Arbeitsplatz geboten haben, wenigstens in ihrem Kern zu erhalten.

Dahinter steht auch die Überlegung, nicht kampflos strategisch bedeutsame industrielle Positionen preiszugeben, die man vielleicht übermorgen wieder brauchen wird. Sie sollen als Kristallisationspunkte für einen Kranz von Zulieferern und Dienstleistern dienen, die ohne einen solchen »industriellen Kern« selbst nicht existenzfähig wären.

Ob dieses Konzept, das Bundesregierung, Treuhand und private Unternehmen als Reaktion auf erbitterte Proteste ostdeutscher Arbeitnehmer in den östlichen Bundesländern als flächendeckendes Großexperiment durchführen, auf Dauer gutgeht, ist allerdings völlig offen. Es kann ebensogut zu unabsehbar teuren Endlos-Pleiten führen.

Wie sehr sich der Rückstand Deutschlands beim insgesamt unverzichtbaren Übergang auf eine dienstleistungsgestützte postindustrielle Wirtschaftsstruktur schon heute in Zahlen niederschlägt, verdeutlicht ein Blick auf die deutsche Dienstleistungsbilanz. Sie bildet gemeinsam mit der Bilanz der Aus- und Einfuhren im Warenverkehr (Handelsbilanz) die Leistungsbilanz. Diese macht ihrerseits zusammen mit der Kapitalbilanz die Zahlungsbilanz der deutschen Volkswirtschaft aus, welche die Gesamtheit der wirtschaftlichen Transaktionen zwischen Inländern und Ausländern erfaßt – und wie jedes geschlossene Buchhaltungssystem stets auf beiden Seiten ausgeglichene Konten ausweist.

Während indes die deutsche Handelsbilanz traditionell Exportüberschüsse ausweist, die selbst in der gegenwärtigen Rezession nur gesunken, aber nicht ins Minus geraten sind, ist der Wert der Dienstleistungsbilanz ebenso traditionell negativ. Die Höhe des Geldabflusses ins Ausland schwankt stark: Von 20 Milliarden Mark im Jahre

1988 sank sie 1989 auf fünf Milliarden, um bis 1991 wieder auf 14 Milliarden anzusteigen.

Stutzig macht dabei nicht die Höhe des Fehlbetrages, sondern seine Zusammensetzung: Denn nur bei den Kapitalerträgen (d.h. den Gewinnen deutscher Investitionen im Ausland) zeigte sich 1991 ein gewaltiger Überhang von 29 Milliarden Mark auf der Einnahmenseite. In fast allen »operativen« Teilbereichen des Dienstleistungsverkehrs dagegen, also dort, wo die Wertschöpfung durch Arbeit erwirtschaftet wird (und damit Arbeitsplätze schafft), überwogen die Ausgaben. Größte Verlustbringer: der Tourismus (minus 34 Milliarden Mark), die Provisionen und Werbekosten (minus sieben Milliarden), die Entgelte an ausländische Arbeitskräfte (minus fünf Milliarden) und – besonders bedenklich! – Patente und Lizenzen (minus vier Milliarden).

Je weiter der Anteil der Dienstleistungen an der gesamten volkswirtschaftlichen Wertschöpfung zunimmt, desto mehr wird es auch für Deutschland darauf ankommen, in diesem Bereich nicht dauerhaft in den roten Zahlen steckenzubleiben. Der strukturelle Umbruch von der Industrie- in die Dienstleistungswirtschaft bedingt die Aufgabe, ihn behutsam und doch beherzt darauf hinzusteuern, daß an seinem Ende eine ausgewogene, vielfältige Wirtschaftsstruktur mit leistungsfähigen Serviceunternehmen und geschrumpften, aber in Wertschöpfung und technologischem Standard hochwertigen industriellen Kernen steht. Und: Dies alles ist keine Besonderheit des Standorts Deutschland.

Wie jedoch zupackende Unternehmer sowie verantwortlich denkende und handelnde Arbeitnehmer, abwägende Finanziers und risikobereite Firmengründer, die politisch Verantwortlichen in Brüssel und Straßburg, in Bonn und Berlin, in Hamburg, Düsseldorf, Dresden, Magdeburg und München mit diesem Prozeß umgehen, oder – anders ausgedrückt – die Antwort auf die Frage, ob und wie es gelingt, ihn ohne wirtschaftliche Einbußen, gesellschaftliche Spannungen und politische Verwerfungen zu bewältigen: Sie wird darüber entscheiden, ob Deutschland nach der Jahrtausendwende noch ein interessanter, lebendiger Wirtschaftsstandort mit internationalem Spitzenstandard sein wird – oder ob es, dem Beispiel Großbritanniens folgend, zu einem siechen Industrieland wird, das im Schmerz über den Verlust einstiger Geltung die Zukunft nicht in den Griff bekommt.

3. Das Innovationsproblem

Faktoren, die den Weg Deutschlands in die postindustrielle Informations- und Dienstleistungswirtschaft des 21. Jahrhunderts massiv gefährden, gibt es dabei durchaus. Zu den bedrohlichsten gehört die Tatsache, daß dem Land eine wesentliche Eigenschaft verlorengegangen ist, die seinen Aufstieg in die Spitzengruppe der Wirtschaftsmächte begleitet hat: die Eigenschaft nämlich, in allen technologisch und hinsichtlich der Wertschöpfung treibenden Branchen und Wirtschaftsbereichen einer Epoche ganz vorne dabeizusein.

Rohstoffarme Länder mit hohen Kostenstandards wie Deutschland haben nur eine einzige Chance, stabiles Wachstum und hohe Pro-Kopf-Einkommen zu erzielen: Ihre Handelsstruktur muß, basierend auf einem funktionierenden Binnenmarkt, vom Export innovativer und sogenannter »humankapital-intensiver« Güter und Dienstleistungen geprägt sein, die anderswo in gleicher Qualität oder technischer Raffinesse nicht zu bekommen sind. Das bedeutet keineswegs, daß es Ziel und Maßstab einer solchen Volkswirtschaft sein muß, ständig möglichst hohe Exportüberschüsse zu erzielen. Diese nämlich sind nur in dem Maß wünschenswert, in dem sie zur Finanzierung autonomer langfristiger Kapitalexporte beitragen. Negative Folgen andauernder hoher Leistungsbilanzüberschüsse gibt es mehr als genug: Sie reichen von der Gefahr starker Preissteigerungen im Inland über die übermäßige Aufwertung der eigenen Währung bis hin zu protektionistischen Gegenmaßnahmen in jenen Ländern, die mit Ausfuhrgütern überschwemmt werden. Unter Problemen dieser Art hat momentan die erfolgsverwöhnte japanische Wirtschaft zu leiden – und es fällt ihr keineswegs leicht, damit fertig zu werden.

Wenn aber ein Land wie die Bundesrepublik Deutschland die Fähigkeit verliert, in den jeweiligen Spitzentechnologien einer Epoche konkurrenzstarke Produkte und Verfahren anzubieten, muß es damit rechnen, in eine »Wertschöpfungszange« zu geraten: Am oberen Rand, in den technologisch anspruchsvollen Markt- und Produktsegmenten, lassen ihm leistungsfähigere Konkurrenten keine Chance – und unten, im Bereich der einfacher beherrschbaren Technologien, kann es sich auf Dauer dem Preisdruck aufstrebender Wettbewerber mit Billiglohn-Struktur nicht entziehen.

Unter dem Druck eben dieser Zange leidet die deutsche Wirtschaft heute – und dieses Problem ist es auch, das für den Standort Deutschland langfristig die größte Gefahr, aber auch die größte Herausforderung darstellt. Denn immer mehr der traditionell starken deutschen Produktbereiche – in der Stahlindustrie, der Grundstoffchemie, dem Maschinenbau, dem Automobilbau und vielen anderen Branchen – drohen im Preiskampf mit Billiglohn-Anbietern verlorenzugehen. In vielen jener Wirtschaftszweige aber, die heute das Tempo des technologischen Fortschritts bestimmen – und in denen am meisten zu verdienen ist – sind bundesdeutsche Unternehmen nur schwach oder gar nicht vertreten: in der Mikroelektronik, der Computer- und Softwareindustrie, der Telekommunikation, der Biotechnik, der Luft- und Raumfahrt und den neuen elektronischen Mediendiensten.

Die Innovationsschwäche, welche sich die deutsche

Wirtschaft nicht nur im industriellen Sektor, sondern weit darüber hinaus schon seit über zehn Jahren leistet, läßt sich an vielen Beispielen dokumentieren. Sie reicht vom weitgehenden Rückzug aus einstigen Vorzeigebranchen wie der Feinoptik, der Fotoindustrie oder der Unterhaltungselektronik bis hin zum Verzicht auf den Aufbau einer eigenständigen, modernen und international überlebensfähigen Filmindustrie. Die verzweifelten Versuche des Elektro- und Elektronikkonzerns Siemens, bei der Herstellung und Vermarktung von Mikrochips, Computern und Software echtes Weltniveau zu erreichen und auch auf internationalen Märkten relevante Anteile zu erobern, verursachen schon seit Jahren Milliardenverluste.

Deutsche Maschinen- und Anlagenbauer, die sich auf ihrem jeweiligen Spezialgebiet jahrzehntelang als unangefochtene Weltmeister fühlen durften, müssen erkennen, daß ihre Produkte längst nicht mehr konkurrenzlos sind. Ein wesentlicher Grund dafür: Sie sind gezwungen, gerade die hochkomplexen Bestandteile der elektronischen Steuer- und Regelungstechnik immer häufiger von japanischen Zulieferern zu kaufen. Die aber sind längst auch auf dem Gebiet der Gesamtsysteme zu Konkurrenten auf dem Weltmarkt geworden. Sie liefern die wirklich neueste Technik erst dann nach Deutschland, wenn sie den zeitlichen Vorsprung bereits kräftig zu ihrem Vorteil genutzt haben. Darüber hinaus macht die Elektronik einen stetig zunehmenden Teil am Gesamtwert der Maschine oder Anlage aus – und der kommt eben nicht dem heimischen Hersteller zugute, sondern fließt in die Kassen des Lieferanten und Konkurrenten.

Die Schwäche der deutschen Wirtschaft in den Hochtechnologien schlägt sich bereits seit geraumer Zeit in harten Zahlen und geringen Weltmarktanteilen nieder. In der Ausfuhr elektronischer Geräte und Systeme – ein Markt, der in seiner Gesamtheit heute bereits alle anderen Warenmärkte an Volumen übertrifft und der bis 1996 einen Produktionswert von 1.800 Milliarden US-Dollar erreichen dürfte – lag Deutschland 1993 mit 22 Milliarden Dollar auf Platz vier der weltweiten Hersteller-Rangliste. Der Abstand zum Marktführer Japan (79 Milliarden Dollar) und zur Nummer Zwei, den USA (60 Milliarden), ist gewaltig, die Distanz zum Dritten, dem ostasiatischen Stadtstaat Singapur (26 Milliarden), wächst. Dafür drängt hinter Großbritannien (20 Milliarden) bereits die Phalanx der drei weiteren »asiatischen Tiger« Taiwan, Hongkong und Südkorea mit jeweils 17 Milliarden Dollar nach. Im Unterschied zur deutschen Industrie allerdings weist deren Handelssaldo mit Elektronikprodukten ein dickes Plus auf – während die Bundesrepublik mehr als das Doppelte ihres Exportwerts aus den aufgezählten Ländern einführen muß.

Anteile an der Weltproduktion von Informationstechnik 1991 (in Prozent)

	Halbleiter	Hardware	Software
Japan	41	29	13
USA	26	30	49
Andere	24	33	29
Deutschland	9	8	9

Bis zur Jahrtausendwende wird in etwa 30 Prozent aller industriellen Fertigprodukte die Elektronik einen dominierenden Anteil an der Wertschöpfung erobert haben. 90 Prozent aller industriellen Fertigungsprozesse werden voraussichtlich auf elektronischen Komponenten basieren.

Die Software wird sowohl die Bauteile als auch die Geräte an Wachstumsdynamik noch weit übertreffen.

In allen drei Bereichen spielt nicht nur Deutschland, sondern ganz Europa als Hersteller nur eine weit untergeordnete Rolle. Dafür ist unser Kontinent und sein größter Teilmarkt Deutschland als Absatzmarkt für Elektronikprodukte um so beliebter: Hier stellen die Länder der Europäischen Union die 30 Prozent am Weltmarkt, die ihnen in der »Triade« der Wirtschaftsregionen auf der Welt zustehen. Ganz Europa trägt damit ein gewaltiges Defizit in der »Elektronik-Bilanz«. Alle Versuche der Europäer, die längst zum gähnenden Loch angewachsene *Innovationslücke*, in gemeinsamen Forschungsprojekten wie JESSI oder länderübergreifenden Firmenzusammenschlüssen zu schließen, haben sich bislang als mehr oder minder wirkungslos erwiesen. Gleiches gilt für die ähnlich wachstumsstarken Bereiche Informationsdienstleistungen und Bio-/Gentechnologie.

Statistische Zahlen aus dem Bundesministerium für Forschung und Technologie (BMFT) veranschaulichen, woran es liegt, daß am Standort Deutschland der Anschluß an die entscheidenden Branchen und Technologien des »fünften Kondratieffs« verlorengegangen ist: Die deutsche Industrie ist, was sich besonders deutlich im Rückgang deutscher Anmeldungen internationaler Patente niederschlägt, viel zu sehr in der Produktpalette hängengeblieben, die für den dritten und vierten Kondratieff-Zyklus maßgebend waren: dem Maschinenbau, dem Fahrzeugbau, der herkömmlichen Elektrotechnik und der Chemie.

Das BMFT unterscheidet in der untersuchten Gruppe der »forschungs- und entwicklungsintensiven Güter« (F&E-Güter) zwei Teilgruppen:

- die Waren der »höherwertigen Technologie« (F&E-Anteil am Umsatz zwischen 3,5 und 8,5 Prozent),
- die Waren der »Spitzentechnologie« (F&E-Anteil von über 8,5 Prozent.

Der Export-Import-Index für alle F&E-Güter lag 1988 bei 200, das heißt, Deutschland führte in dieser Güterklasse doppelt so viel aus, wie es einführte. Die Zahlen für die

Innovationslücke

Im weltweiten Wettbewerb um Produkt- und Prozeßinnovation besonders im Bereich der Hochtechnologie ist die Bundesrepublik in den letzten 15 Jahren immer weiter hinter die Konkurrenten USA und Japan zurückgefallen. Dies manifestiert sich etwa in der Zahl der Patentanmeldungen, bei denen Deutschland heute außer im Maschinenbau in allen anderen führenden Industriezweigen (Chemie, Pharmazie, sogar Straßenfahrzeugbau) die Spitzenposition abgeben mußte. In zentralen zukunftsträchtigen Bereichen wie der Mikroelektronik, der Gentechnik oder der Softwareherstellung sind deutsche Erfinder nur am Rand vertreten. Für noch bedeutsamer aber halten Experten eine andere Lücke: jene nämlich, die im Innovationsprozeß der deutschen Wirtschaft zwischen der Erfindung und Umsetzung von Innovationspotentialen in marktfähige, innovative Produkte klafft. Denn im Zeitalter immer kürzerer Produktlebenszyklen winken nur demjenigen Wettbewerber die hohen Preisspannen der Einführungszeit, der in der Lage ist, seine Erkenntnisse schneller als andere in ein marktreifes Produkt umzusetzen – und dieses in der Zeit, in der er den zeitlichen Vorsprung vor der Konkurrenz genießt, professionell zu vermarkten.

beiden Gruppen jedoch lagen weit auseinander: Während die Bundesrepublik bei den Gütern höherwertiger Technologie gegenüber fast allen regionalen Handelspartnern – der EG, den Staaten des (damals noch bestehenden) Ostblocks, den USA und Südostasien ohne Japan – einen deutlichen Handelsüberschuß erzielte, war dies bei Gütern der Spitzentechnologie nur noch gegenüber Osteuropa der Fall. Im Handel mit den EG-Partnern war der Wert ausgeglichen, gegenüber Südostasien und den USA bestand bereits ein Importüberhang von 30 beziehungsweise 40 Prozent. Aus Japan bezogen deutsche Kunden drei Viertel mehr Güter der Spitzentechnologie, als sie selbst exportierten.

Damit ist allerdings die Frage noch nicht beantwortet, wie und warum es zu diesem Rückstand gekommen ist. Im heftigen Meinungsstreit um diese Frage zeigt sich auch, warum das Konzept des »Wirtschaftsstandorts« für die umfassende Analyse der grundlegenden Entwicklungsstränge volkswirtschaftlicher Vorgänge und ihrer Verknüpfung mit den Gegebenheiten und Veränderungen der globalen Wirtschaftsordnung nur sehr bedingt geeignet ist. Denn Unternehmer, Finanzfachleute, Wirtschaftswissenschaftler und Politiker, die mit diesem Konzept an die Frage nach den Faktoren herangehen, verfallen meist auf Erklärungen wie:

- das allgemein »technikfeindliche« Meinungsklima in Deutschland,
- Verkrustungen und behindernde Regulierungen in politischen und rechtlichen Entscheidungsprozessen oder
- zu schlechte oder falsche schulische und berufsvorbereitende Ausbildung.

Kaum eine dieser Begründungen hält einer ernsthaften Überprüfung stand. Das Ausbildungssystem in der Bundesrepublik ist, wie eine Studie der OECD aus dem Jahr 1993 zeigt, im internationalen Vergleich keine Schwachstelle, sondern eher ein Stärkefaktor des Standorts Deutschland: Der Anteil der Absolventen weiterführender Schulen ist höher als in den meisten Industrieländern, die Höhe der Bildungsausgaben dem (relativ geringen) Anteil der Schulgänger an der Gesamtbevölkerung angemessen, das allgemeine Bildungsniveau hoch. Die Zahl der Studienanfänger übertraf im Herbst 1993 erstmals in einem Jahrgang die der Lehrlinge.

Die Vielzahl und Schärfe arbeits- und umweltrechtlicher Schutzbestimmungen hierzulande wird zwar in Unternehmensumfragen der Forschungsinstitute regelmäßig als gravierender Nachteil des Standorts Deutschland genannt. Systematische internationale Untersuchungen aber, die über den anekdotenhaften Vergleich von Genehmigungszeiten für umweltsensible Anlagen oder ähnliches hinausgehen, sind überhaupt nicht verfügbar.

Ausgesprochen technikfeindlich eingestellte Menschen, so haben zwei Gutachten des Büros für Technikfolgen-Abschätzung beim deutschen Bundestag im Frühjahr 1994 ergeben, sind in der Bundesrepublik nicht häufiger anzutreffen als in Japan oder den USA. Insgesamt sei, so heißt es dort, die überwiegende Technikbegeisterung der sechziger Jahre inzwischen allerdings einer Tendenz zu eher abwägenden Urteilen gewichen. Besonders gegenüber Großtechnologien wie Kernkraftwerken oder der Luft- und Raumfahrt überwiege die Ablehnung, während der Technikeinsatz in Haushalt, Beruf und Medizin überwiegend positiv bewertet werde. Dieselbe Differenzierung gelte sogar für die umstrittene Gentechnik: Ihr Einsatz zu überprüfbaren medizinischen Zwecken werde bejaht, der zur Erzeugung gentechnisch manipulierter Lebensmittel hingegen abgelehnt.

VI. Situation und Perspektiven des Standorts Deutschland

Es sind bei weitem nicht nur Probleme, die den Standort Deutschland heute kennzeichnen. Er verfügt auch über Chancen – vor allem, wenn er es künftig versteht, den Herausforderungen mit seinen ureigenen Stärken und in sinnvoller Abstimmung mit seinen Partnerländern in der Europäischen Union (EU) entgegenzutreten. Denn eines haben die politischen und wirtschaftlichen Entwicklungen der letzten Jahre deutlich gemacht: Ebensowenig wie sich einzelne Länder oder Regionen auf Dauer von der globalen Entwicklung abkoppeln können, ohne dauerhaften Schaden an ihrer wirtschaftlichen Wettbewerbsfähigkeit zu nehmen – ebensowenig wird es auf kurze oder mittlere Sicht zu einer restlosen Globalisierung der Weltwirtschaft kommen. Die meisten Experten rechnen für die kommenden Jahre eher mit einer »Regionalisierung«: In den Großräumen wie dem Europäischen Wirtschaftsraum (EWR), der nordamerikanischen Freihandelszone (NAFTA) und dem asiatisch-pazifischen Raum, wo als Pendant dazu in zehn bis zwölf Jahren die Asiatische Freihandelszone (AFTA) entstehen soll, werden die Weichen gestellt werden – im politischen wie im wirtschaftlichen Bereich.

Für die Bundesrepublik Deutschland, die durch die Öffnung Osteuropas wieder ganz in die Mitte des Kontinents gerückt ist, bedeutet das: Wenn Europa als politische Einheit zu Wachstum und Stärke findet, wird auch seine wirtschaftliche Stellung kräftig davon profitieren. Das liegt nicht nur daran, daß seit jeher die Hauptabnehmer der bundesdeutschen Exporte nicht die USA oder gar die Staaten Ostasiens sind, sondern die Partnerstaaten in der EU – in die nahezu 70 Prozent aller deutschen Exporte fließen. Das weitere politische Schicksal der Staaten Osteuropas und ebenso ihr wirtschaftliches Gedeihen werden auch entscheidend dafür sein, ob dem Standort Deutschland seine geographische Lage an der Nahtstelle zwischen dem reichen, aber wachstumsschwachen Westen und dem darniederliegenden, aber um den Anschluß kämpfenden Osten zur großen Chance der Zukunft wird – oder zur Bedrohung.

Schaffen die Staaten des ehemaligen Warschauer Pakts den politisch-wirtschaftlichen Neubeginn, dann dürften sie zu äußerst interessanten Handelspartnern der westeuropäischen Wirtschaft werden – allen voran der deutschen. In der Nachkriegsgeschichte Westeuropas hat sich klar gezeigt: Der lukrativste Handelsverkehr entsteht dort, wo annähernd ebenbürtige Länder Güter und Dienstleistungen austauschen. Eine echte wirtschaftliche Erholung der Staaten Osteuropas, die nur durch eine weitere industrielle Gesundung vorstellbar scheint, könnte Europas Wirtschaft insgesamt eine völlig neue Wachstumsdynamik verleihen. Das aber käme unweigerlich auch der deutschen Wirtschaft zugute – vorausgesetzt, sie schafft es, attraktive und innovative Produkte und Dienstleistungen anzubieten.

Zunächst aber müssen Politik, Wirtschaft und Gesellschaft in Deutschland selbst dafür sorgen, die notwendigen Rahmenbedingungen für einen gesunden, modernen Wirtschaftsstandort zu erhalten – und sie dort, wo es nötig ist, neu zu schaffen. Dabei macht es keinen Sinn, wie in der Vergangenheit vor allem den Industrie- und Produktionsstandort und seine einstigen Erfolgsbranchen mit gewaltigen Subventionen zu verteidigen. Nur der Aufbruch in eine neue Ära kleinerer, »schlankerer« und hocheffizienter Produktionsstätten, eng verquickt mit extrem flexiblen, kundenorientierten und innovativen Zulieferern und Dienstleistern wird Deutschland in die Lage versetzen, in den neuen Technologien und Servicediensten des postindustriellen Zeitalters eine ähnlich tragende Rolle zu spielen wie in der Vergangenheit.

Die Möglichkeiten dazu sind durchaus nicht verbaut. Die wirklich grundlegenden Faktoren nämlich haben sich nicht plötzlich in Luft aufgelöst – oder sich etwa in ihr Gegenteil verkehrt. Auch heute verfügt die Bundesrepublik über:

- genügend Finanzkraft, um als notwendig erkannte strukturelle Veränderungen größtenteils aus eigener Kraft zu finanzieren; allerdings: Die politisch Verantwortlichen müssen in den nächsten Jahren größte Anstrengungen darauf verwenden, den riesigen Berg an Staatsschulden behutsam abzutragen. Denn dieser ließe sich, wenn er weiter wachsen würde, nur noch mit Hilfe einer staatlich geschürten Inflation bekämpfen – oder er würde Deutschlands Währung in schwindelnde (und damit höchst export-schädliche) Höhen treiben;
- eine stabile politische Ordnung, die wohl nur durch katastrophale Verwerfungen im Osten Europas ernsthaft in Gefahr zu bringen wäre. Diese Gefahr ist nicht völlig auszuschließen – Deutschland muß daher im eigenen Interesse alles daransetzen, die politische wie die wirtschaftliche Lage seiner östlichen Nachbarn stabilisieren zu helfen;
- ein hohes Maß an Arbeitsfrieden sowie an Kompromißbereitschaft und Einsicht zwischen den wichtigsten gesellschaftlichen Gruppen – die Tarifrunde 1994, in der Durchbrüche bei der Flexibilisierung der Arbeitsbedingungen mit maßvollen Lohnabschlüssen zwischen einem und zwei Prozent gekoppelt wurden, hat dies einmal mehr bestätigt;
- eine gut ausgebildete und hochqualifizierte Schar von Erwerbstätigen, der es weder an der Phantasie und Innovationskraft noch an der Leistungsbereitschaft mangelt, die Herausforderungen der Zukunft anzunehmen.

Weiterführende Literatur

Burstein, Daniel: Weltmacht Europa. München 1991.

ders: Yen! Die japanische Herausforderung. München 1988.

Dierkes, Meinolf / Zimmermann, Klaus: Wirtschaftsstandort Bundesrepublik. Leistungsfähigkeit und Zukunftsperspektiven. Frankfurt/Main 1991.

Gabler-Wirtschafts-Lexikon. Wiesbaden [10]1993.

Grosser, Dieter (Hrsg.): Der Staat in der Wirtschaft der Bundesrepublik. Opladen 1985.

Lücke, Wolfgang / Schulz, Klaus (Hrsg.): Standort Deutschland. Personal, Investition, Internationalität. Wiesbaden 1991.

Schierenbeck, Henner: Grundzüge der Betriebswirtschaftslehre. München/Wien 1989.

Seitz, Konrad: Die japanisch-amerikanische Herausforderung. Bonn 1991.

Späth, Lothar / Henzler, Herbert: Sind die Deutschen noch zu retten? München 1993.

Streib, Folker / Ellers, Meinolf: Der Taifun. Japan und die Zukunft der deutschen Industrie. Hamburg 1994.

Welzmüller, Rudolf (Hrsg.): Marktaufteilung und Standortpoker in Europa. Europa-Handbuch für Arbeitnehmer Köln [2]1990.

Woll, Arthur: Allgemeine Volkswirtschaftslehre. München 1990.

Broschüren und Materialien zum Thema:

Jahresgutachten des Sachverständigenrats zur Begutachtung der gesamtwirtschaftlichen Entwicklung. Bonn 1992/93 und 1993/94.

Bundesministerium für Wirtschaft (Hrsg.): Jahreswirtschaftsberichte der Bundesregierung. Bonn.

dass.: Qualität des Standortes Deutschland und Ansätze zu seiner Verbesserung. Bonn 1992.

dass.: Zukunftssicherung des Standortes Deutschland. Bonn 1993.

Wochenberichte

- des Deutschen Instituts für Wirtschaftsforschung (DIW), Berlin.
- des ifo-Instituts für Wirtschaftsforschung, München.
- des HWWA – Institut für Wirtschaftsforschung, Hamburg.

Stichwortregister

Verzeichnis der Grafiken und Tabellen